eラーニングがもたらす
教育革命で成功を目指せ

豊かな人生の実現

No study, no success.
No practice, no effect.

久保雅文

SOGO HOREI

はじめに

「勤勉国家日本」

今では、すっかりいにしえの言葉になった感がありますが、高度成長期からバブル経済崩壊まで、日本人は世界でも有数の勤勉な民族だったのです。

「努力が報われる国」

かつての我国は、努力が報われる国でした。

企業は、年功序列終身雇用という真面目に勤めれば報われるという日本独特の制度によって、社員の働きに応えていました。

労働者も企業の手厚い保護に報いようと一層勤勉となり、企業業績がさらに伸びるという好循環にあったのです。

子供たちも、真面目に勤めれば年々給料が増え、家や車もグレードアップしていく親の姿を見て、実直に努力すれば報われるのだということを肌で感じていたものでした。

国家も年金制度や保険制度を整え、世界に名だたる福祉国家として国民の現役時代の頑張りに対して、リタイア後の保障を用意してくれていたのです。

また、世界一とも言える公教育が機能しており、家庭の経済力に関係なく子供たちは将来に夢を持って勉学に励むことができたのです。

このように、かつての日本は「努力が報われる国」だったからこそ「勤勉国家」を実現できていたのです。

バブル経済が崩壊し、世は平成不況の時代に突入しました。

企業は、右肩上がりの業績を続けられなくなり、年功序列終身雇用というシステムも維持できなくなりました。

また、少子高齢化によって人口構成のピラミッド型が崩れ、年金を代表とする社会制度を国が維持できなくなっています。

平成の世になってからの我国は、真面目に勤めても先が見えなくなってしまったのです。

こうなると、世の大人たちは「どうせ頑張っても……」という風潮となり、フリーターやニートが増え、さらに経済が停滞するという悪循環となっていきました。

健康であるにもかかわらず、若いときから楽して儲けたい、楽して痩せたいという嘆かわしき日本の現状は、「努力が報われる国」が崩れてしまったことが大きな原因だと私は分析しています。

怠惰な大人たちを見た、親の年々厳しくなっていく経済状況を見た子供たちはどうなってしまうでしょう。

勉に育つわけがないのです。

私は「勤勉国家日本」を復活させたいと真剣に考えます。

そこで、「努力は報われる」ということを実行・実体験していただくためのビジネススクールを開校いたしました。

当校は子供から大人までの総合教育をｅラーニングという最新のテクノロジーを用いて提供しています。

ｅラーニングは、経済的にそんなに恵まれていない普通の家庭の子供でも立身出世が狙える優れた学習システムです。

このｅラーニングについて正しい知識を得ていただき、これからの教育のあり方などにもご理解をいただきたいという想いで本書を上梓いたしました。

本書をご一読いただければ、現在の教育背景からｅラーニングの優位性まできっとご理解いただけるものと自負しております。

また、子供だけでなく大人にももう一度向上心を持って夢を追っていただくために、大人の再教育にもeラーニングを用いて力を入れています。

平成のこの日本を「努力が報われる国」「勤勉国家」にすることが日本復活の唯一の方法なのです。

国家に頼る時代はとっくに終わっています。

もう、「国に何かをしてもらおう」という考えは捨てることです。

これからは、我々国民一人ひとりの個人が強くなって、「日本に何かをしてあげよう」と考える日本人を育てるべき時代だと私は考えます。

One for all の時代。本書を読まれたみなさんが、個人個人を豊かにすることによって、社会全体に最終的に役立とう、税金はもらうのではなく、稼いでたくさん納

めて国の役に立とう、という考えと行動に目覚めていただけることを期待していま
す。

平成20年2月吉日

久保雅文

豊かな人生の実現——もくじ

第1章　eラーニングの時代到来

第2章　教育ビジネスもコストカット時代に

第3章　eラーニングの基礎知識

第４章　暗記がすべての明暗を分ける現実

第５章　ｅラーニングの必要性

第６章　新しい教育ビジネスのあり方

第7章　総合教育は、個人が豊かに

おわりに

装丁　渡邊民人（TYPEFACE）

第1章　eラーニングの時代到来

他のeビジネスに比べて10年遅れる

今、まさにeラーニングの時代が到来しているということが言えると思います。例えば、DSを活用したラーニングシステムのTVCMなどがかなり目に付きます。

内容は、小中学生が勉強になじめるようなレベルから、日々の授業の復習まで徐々に幅広くなってきています。

そのほかにも、色々な会社が、eラーニングのコンテンツを開発してきています。

現在、知りえるだけでも、ベネッセ、ニュートン、廣済堂、アスキー、アルク、グロービス、産業能率大学、ダイエックス、ダイヤモンド社、日経BPラーニング、日本ヒューレット・パッカードといったところが、eラーニングコンテンツを提供しているようです。

２０００年頃から我国でも、企業や大学を中心にｅラーニング導入は拡がりを見せています。

企業のｅラーニング導入概況を見てみると（図２参照）、導入している企業が過半数に達していることに驚かされます。

企業は社員教育を合理化するために、また研修の予習復習ツールとしてｅラーニングを導入していることが図１から読み取ることができます。

これらＢtoＢの動きに加えて、ＢtoＣつまり、個人がｅラーニングを活用して学習するスタイルが今年から加速することが予測されます。

今年２００８年は、まさにｅラーニング元年と呼ぶにふさわしい年となると思われます。同じ鼠年の１９９６年は、「今年はインターネット元年」と叫ばれ、それが現実のものとなりました。

ｅコマースや、ｅトレードに比べて、約10年遅れでようやくｅラーニングの時代を迎えることとなるのです。

今のｅラーニングは、ほかのｅビジネスの、ちょうど１９９５~９７年ころにあたるのではないかと思われます。


アメリカは相当ｅラーニングが発達しているようですが我国はだいぶ遅れていま す。

今「楽天市場」と聞いて、楽天という会社に八百屋や魚屋のおじさんがいて、そこで市場を開いていると思う人はだれもいないはずです。

しかし、これが10年前であれば、そう思ってしまう人はいたと思われます。

今では「楽天市場」というのはウェブ上の市場なのだというのが、すでに常識なのです。

図1：eラーニング導入の目的

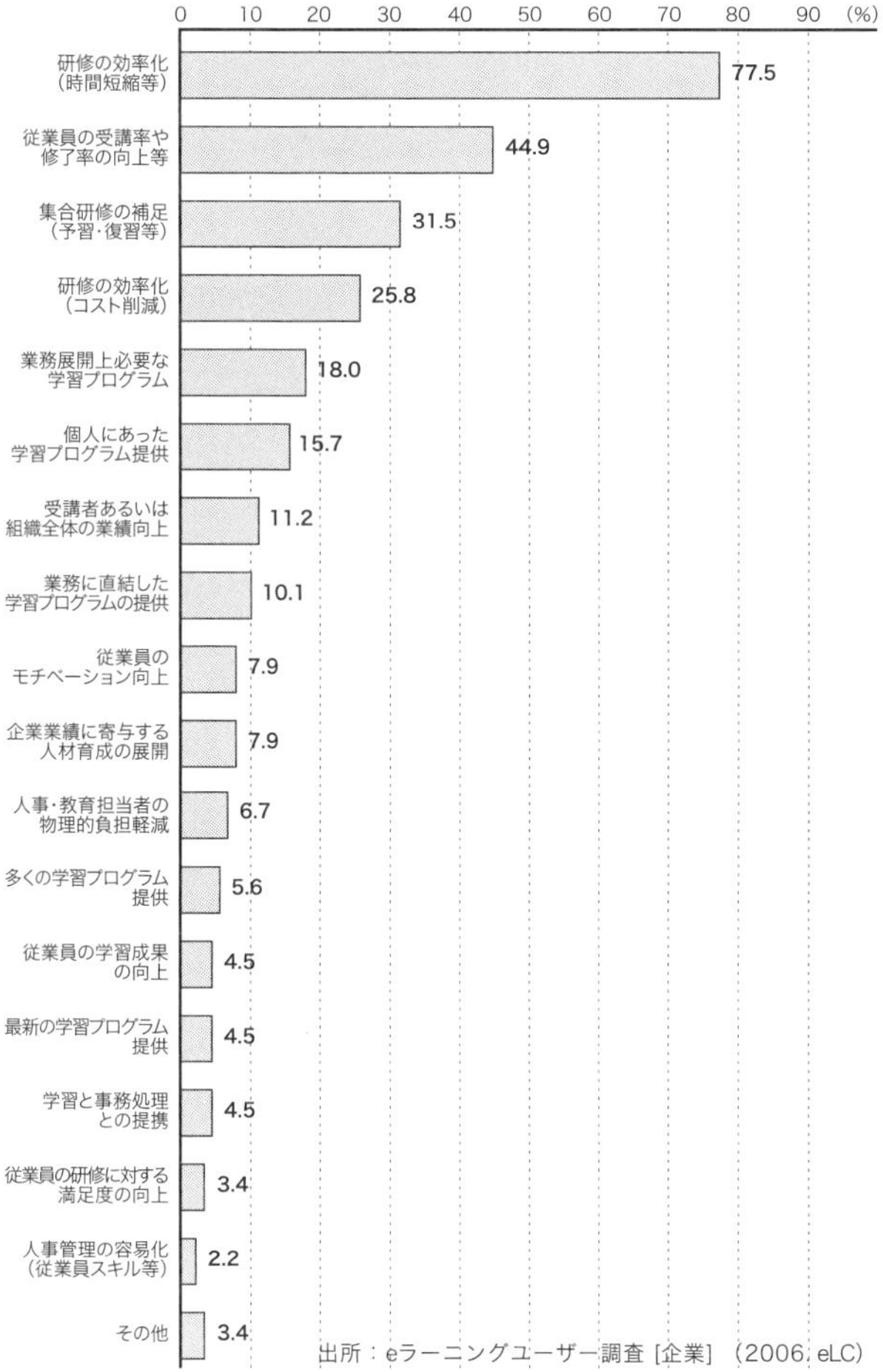

しかし、これが「学校経営」ということになると、まだまだ皆の意識は遅れていると言えます。

例えば、私が、「学校を経営しています」ということを言うと、ほとんどの人が、「校舎はどこにあるのですか?」「先生や用務員さんは何人なのですか?」といった、ハコ商売のことしか聞いてこないものです。

ウェブ上に学校があるということが、まだまだ未常識なのです。

しかし、5年後、10年後は、ウェブ上の学校、つまりeラーニングの世界が当たり前になっていくというように私は考えています。

遅れた理由①——ブロードバンド普及の遅れ

eラーニングがなぜ他のeビジネスに比べて遅れてしまったかというと、大きく

図2：企業のeラーニング導入率

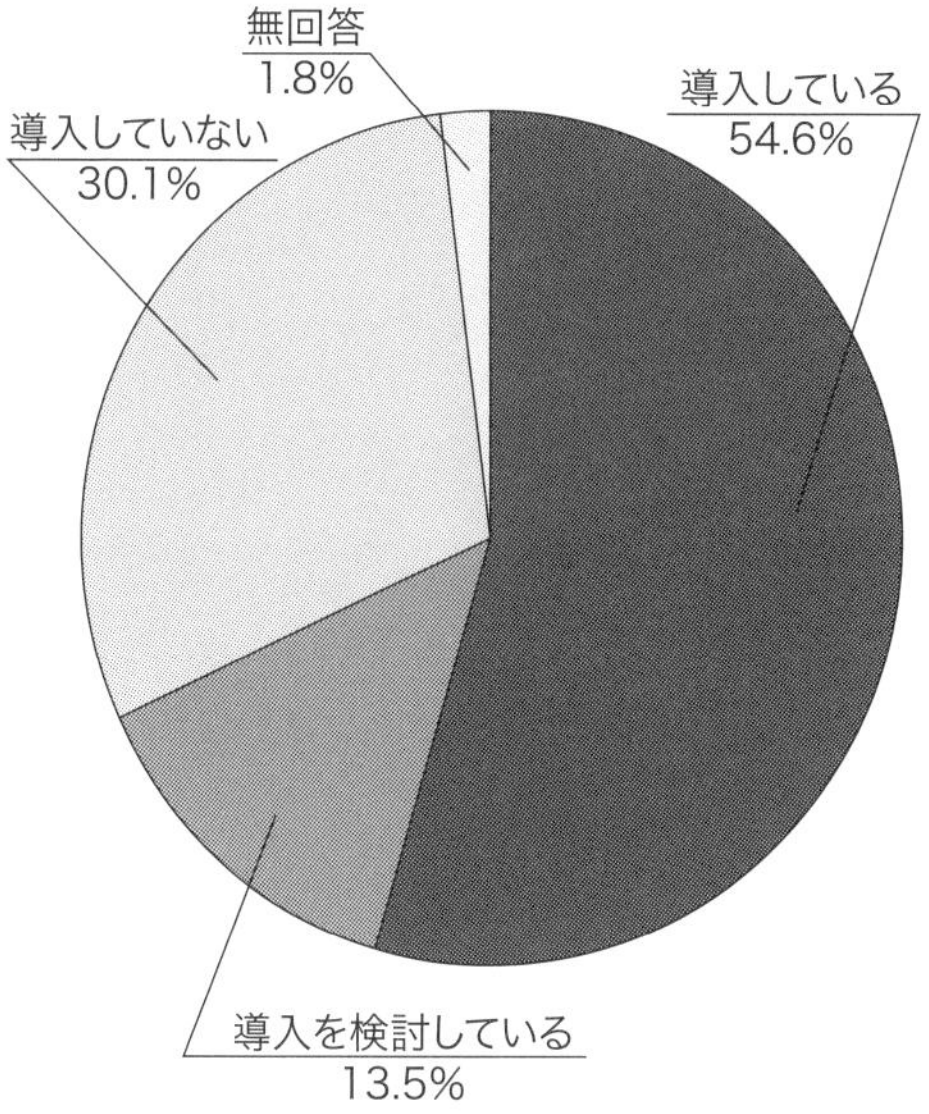

出所：eラーニングユーザー調査［企業］（2006. eLC）

二つ理由があると思います。

まず一つめは、ブロードバンドの普及が遅れているということです。単にネットにつなげてショッピングをするとか、何か検索するとかといったことはダイヤルアップでもできます。非常に原始的な回線でのインターネットでも可能です。

ところが、例えば動画で講義を受けるといったレベルになると、「長時間接続」ということが必要になりますので、やはり「光」（大容量の高速インターネット通信）というものが必要になってきます。

逆に考えると、本当の意味でブロードバンドを活用すべき分野がｅラーニングだと言えるでしょう。

ですから、ＦＴＴＨ（Fiber To The Home）という全家庭に光ファイバーを設置する国の政策に対して、本当に意味ある活用をしてあげることができるのがｅラーニングだと思います。

図３：企業事例

事例番号	名称	業種	主な対象	事例のポイント
①	大阪ガス株式会社	電気・ガス	全従業員（本社、グループ会社、協力会社）	グループ会社や協力会社を含む全従業員を対象に幅広くｅラーニングを活用
②	キヤノン株式会社	電気機器	全社員、内定者、育児休業者、赴任配偶者、海外従業員	社内運用講座・外部委託講座のｅラーニング、集合研修とのブレンディッドラーニングなどを実施
③	株式会社京葉銀行	金融・保険	全行員	実務研修にｅラーニングを導入し、オリジナルコンテンツを提供
④	株式会社神戸製鋼所	鉄鋼	技術職社員、企画職社員	集合教育にモバイル情報端末とｅラーニングを活用した技術・技能教育を実施
⑤	ソニーマーケティング株式会社	商業	グループ全社員	コンプライアンス教育などにｅラーニングを活用、自学自習ｅラーニングも実施
⑥	株式会社損害保険ジャパン	金融・保険	全社員、内定者	「損保ジャパン・プロフェッショナル大学」のコースや内定者教育でｅラーニングを活用
⑦	東芝ソリューション株式会社	情報サービス	グループ全従業員、内定者	「Toshiba e-University」において、コンプライアンス教育や技術者向けスキル教育などにｅラーニングを活用
⑧	日本アイ･ビー･エム株式会社	電気機器	国内外のグループ全従業員	必須研修、IT系研修、新入社員研修などにｅラーニングを活用
⑨	三井化学株式会社	化学	岩国大竹工場、全社	岩国大竹工場システム技術高度研修フォーラム（SHEF）教育と製造部の教育などにｅラーニングを導入し、現在はその成果を全社展開中
⑩	三菱電機株式会社	電気機器	グループ企業の従業員、海外駐在員	グループ企業の従業員向けに、個人情報保護やコンプライアンス教育でｅラーニングを活用
⑪	株式会社ローソン	小売業	全社員	「ローソン大学」のプログラムの一部でｅラーニングを活用

出所：『ｅラーニング白書 2007/2008 年版』（東京電機大学出版局）

単にパソコンをつなげてちょっとしたショッピングを楽しむくらいで、それだけの高速大容量のネット回線が本当は必要ないからです。

やはり1、2時間以上の時間つなぎっぱなしでないとダメなようなものでないと光ファイバーを引いた意味がありません。

「映画などの動画を長時間楽しむ」、あるいは「eラーニングで勉強する」。そういったものが真の意味でブロードバンドを活用できる分野になると思います。

総務省の「ブロードバンドサービスの契約回線数の推移」（図5）というのを参照するとブロードバンドの契約数が伸びていっているのがわかります。

都市部では相当入っているようですが地方はこれからです。

今では、日本全国の普及は恐らく2000万件を超えてきたのではないでしょうか。

図４：教育産業市場規模推移

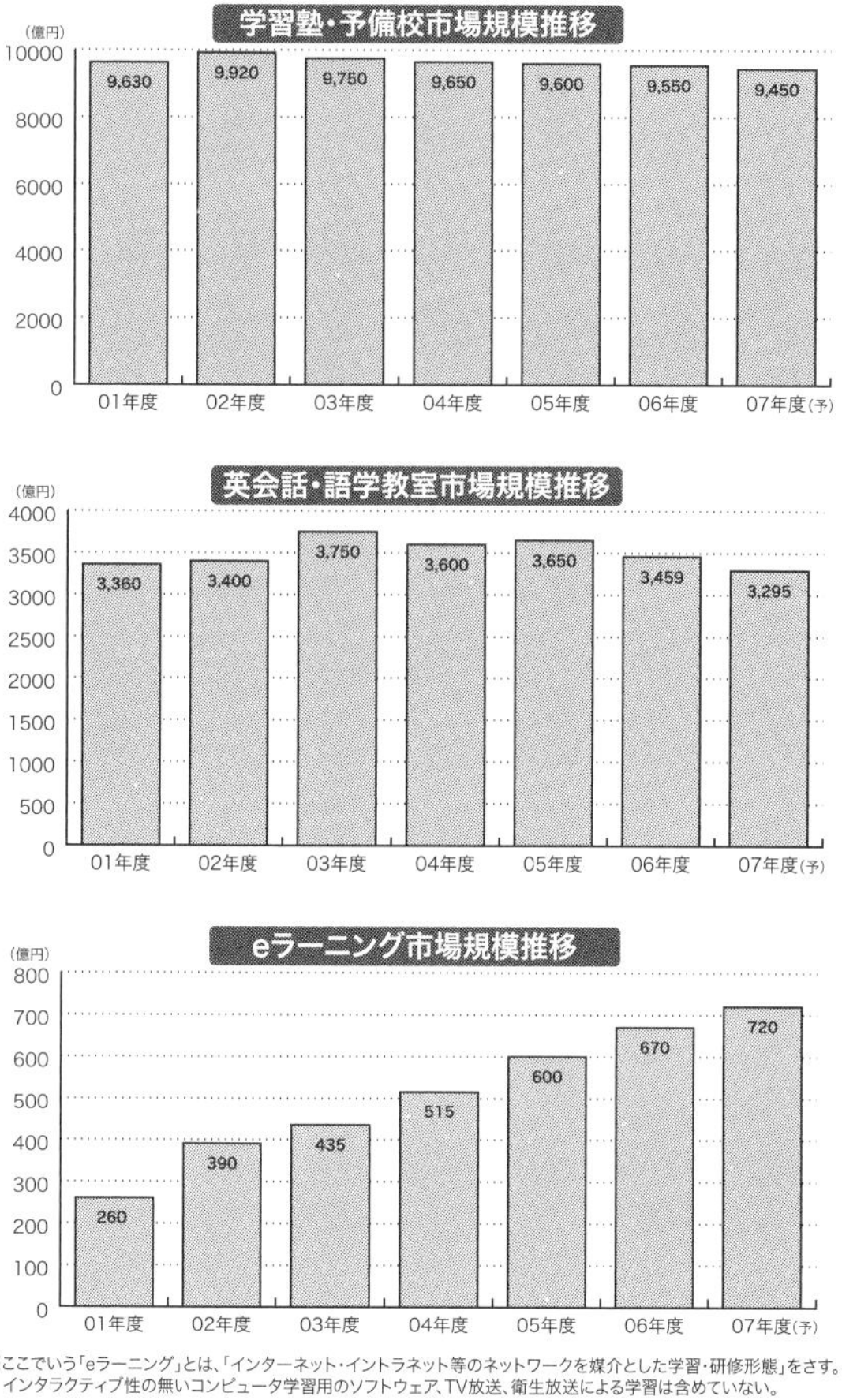

※ここでいう「eラーニング」とは、「インターネット・イントラネット等のネットワークを媒介とした学習・研修形態」をさす。
インタラクティブ性の無いコンピュータ学習用のソフトウェア、TV放送、衛生放送による学習は含めていない。

出所：教育産業市場調査結果2007＜㈱ 矢野経済研究所＞

ブロードバンドの普及とともにeラーニングも普及していくのではないかと考えられます。

ブロードバンドの普及率

ブロードバンドの普及率は、いわゆる市場が成熟した段階を100としたら、今は50～60くらいにはなってきているのではないかと私は思います。

特に都市部は70くらいにはなってきていると思います。

本来は、都市部と同じ教育や情報をとるということを考えると、地方のほうが必要なはずです。

ただ、ブロードバンドを普及させているのは営利企業ですから、どうしても利益になるところから優先になってしまいます。国が税金で引くのであれば、地方が先なのでしょうが……。

図5：ブロードバンドサービスの契約回線数の推移

○平成17年12月末現在で、2237.5万回線。前年同月比で、371.8万回線増（19.9%増）となっている。
○平成17年６月末時点で、FTTHの契約数がCATVを抜き、ブロードバンド第２位の回線となった。

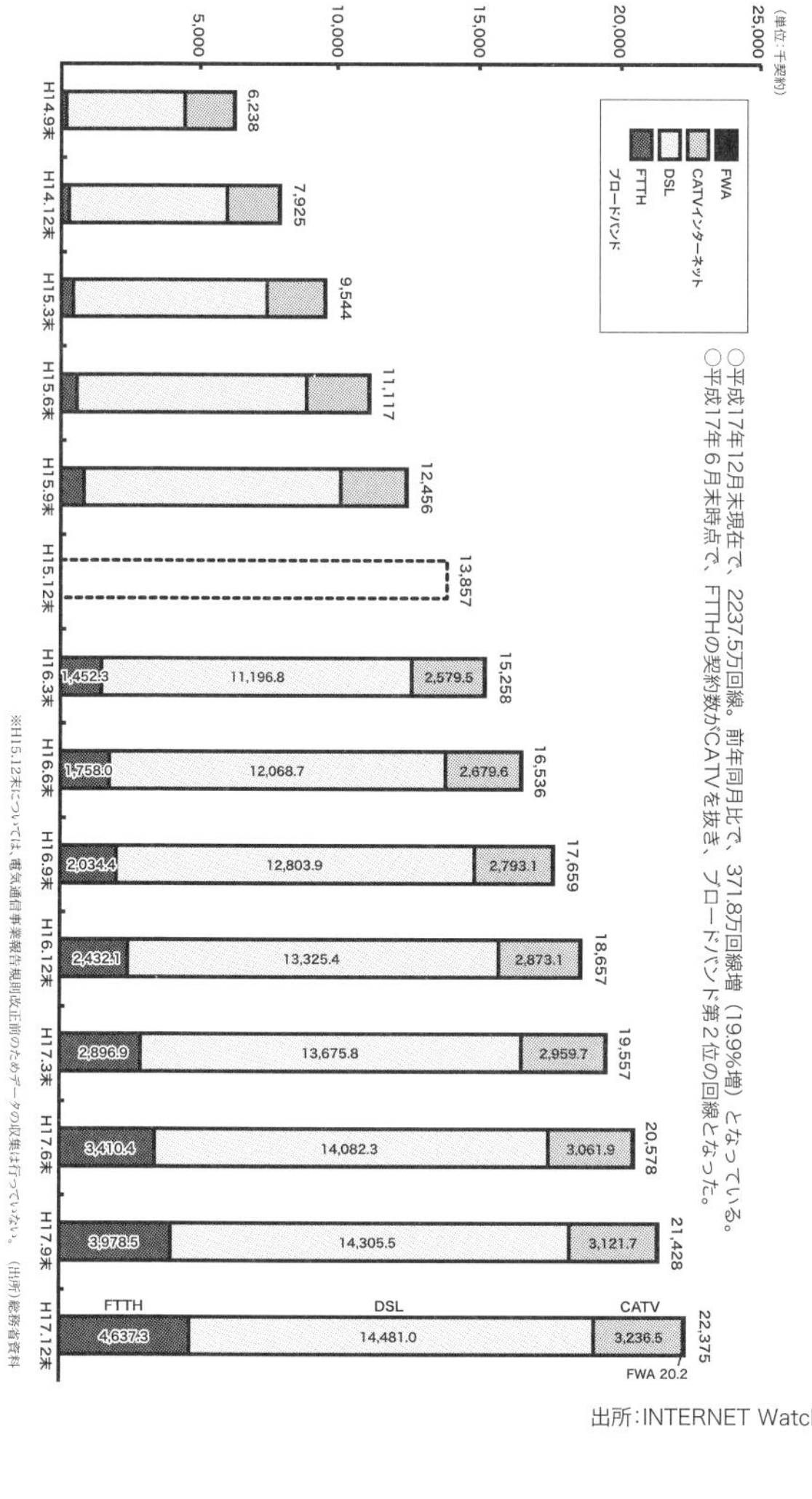

出所：INTERNET Watch HP

遅れた理由②――既得権侵害への誤解

もう一つの理由は「既得権を侵害するのではないか」と思われていたということが挙げられます。

eラーニングが普及したら、学校や塾が、商売あがったりになるというように誤解されてきたのではないかと思います。

これは、機械と人間の役割の違いをまったく理解していない無知からくる大変な誤解なのです。

どういうことか説明しましょう。

「教育」と「学習」というのは、本来的に意味合いがまったく異なるものです。

「教育」という大分野があって、その中に「学習」という部分があります。

すなわち、「教育」というのは「学習」も含むことになるのですが、それぞれによって人間がすべきことと、機械ができることが異なるのです。

「勉強したい」という思いを起こさせる、すなわち「教育」が人間の役割です。「どうして学ばなければならないのか」「勉強したら、どういうメリットがあるか」こういったことを教えるのが人間の役割です。

ですから、ｅラーニングはあくまでも「学習教材」であって「教育教材」ではありません。とすれば、機械と人間の融合ということを計っていけるのではないかと思います。

ただ、いまだに塾や先生の多くはその点を誤解しています。「ｅラーニングが普及したら学校がなくなる」という心配をしている人がいます。

また「ｅラーニングで本当にやる気が出るのか」と学校は懐疑的であるなどとい

う新聞記事を読むと本当にこっけいに思えてきます。

「やる気を出させる」のは先生、つまりは人間の仕事であり、学校でやる気が出た生徒が家でｅラーニングで学習するのです。

この役割分担が浸透すれば、学校や塾がｅラーニングを取り入れ、普及は加速すると私はみています。

また、ｅコマースが普及したからといって実際の店舗というものがなくなってしまったかというと、そうではありません。

やはり、それぞれに良さというものがあり、新しい流通チャネルにｅコマースができたように、新しい教育チャネルにｅラーニングができ、それが既存の学校や塾などのチャネルと融合していく、という形になると思います。

図6：「教育」と「学習」

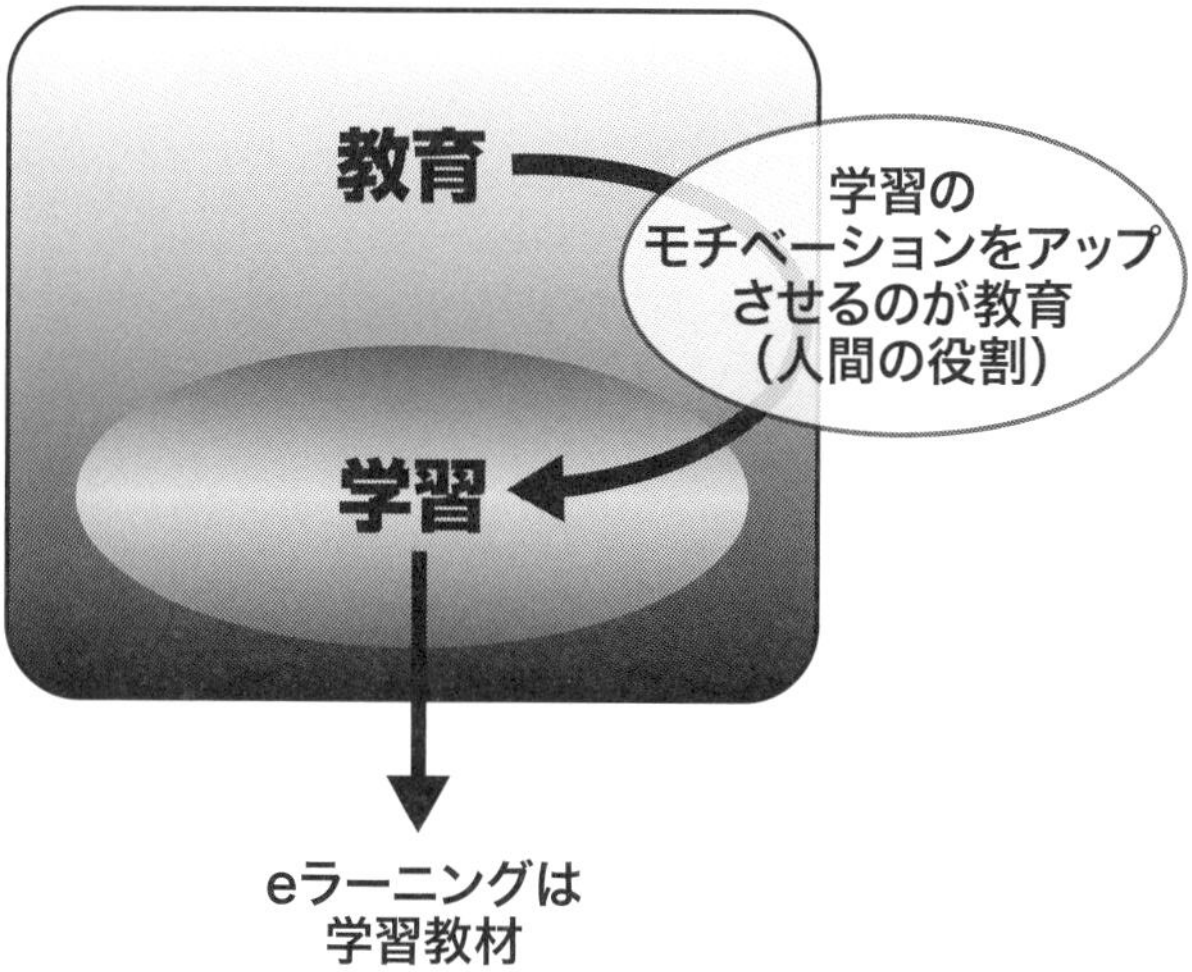

教師が本来の姿に戻る

本当のｅラーニングの良さがわかれば、逆に塾や学校が推奨する時代になると思います。

それによって、先生は本来のあるべき姿に戻ることができます。

「学習」をｅラーニングに任せることによって、教師は自分の役割を全うすることができるようになるのです。

本来、学校の教育というのは、一コマが45分～50分あるのならば、勉強したいという気にさせるようなことと、その単元を深く理解させることに専念すべきです。

ところが実際は、前の授業を覚えているかどうかの小テストの時間が最初に10～15分あり、終りの15分くらいで今日やったことを覚えさせようとします。そうすると、授業を深く理解させたり、モチベーションを上げることに割ける時間が半分くらいになってしまうわけです。

それが、ｅラーニングを導入し、その日の授業の復習や小テストなどは、家に帰ってｅラーニングで行うという形にすれば、先生は生徒のモチベーションアップと理解させるということに、50分すべて割けるようになるわけです。

例えば、高校2年くらいで微分・積分というものを習います。

ほとんどの高校生が、xの３乗を微分したら$3x$の２乗になるということは覚えているのですが、

「では、どうしてそうなるのか？『微分』というのは一体何をすることなのか？」ということをきちんと答えられる受験生は少ないものです。

つまり、「微分・積分とは何か？」ということを教える時間がないわけです。問題を解くことと、暗記させることに授業を割かれるわけですから。

しかし、ここで「問題を解くことと暗記すること」にeラーニングを導入すれば、面白くて、内容を深く理解させることに100%専念できる授業ができます。
教育は、このようなかたちになることが本当は望ましいことだと私は思っていま
す。

既存の教育機関ではない業界がeラーニングをリードする

現実問題として、いまだに教育産業がeラーニングによって自分たちの既得権が侵害されてしまうのではないかと思っている状況だからこそ、教育とはまったく関係のない業界が開発と普及の担い手になってくると考えられます。

古い例をあげると、電卓を開発したのは、それまでの主な計算機であったそろばんを作っていたメーカーとはまったく異なる「カシオ」でした。

当時、そろばんメーカーはおそらく「そんなもの普及したら困る」と思っていた

はずです。ですからまったく関係ない業界が電卓を作ったわけです。

同じようにｅコマースというのも、一番の雄は楽天ですが、もともと流通業をやっていたわけではありません。

創業者の三木谷氏はもともとは銀行員でした。つまり既存の流通とはまったく関係ないところがｅコマースの雄になったわけです。

ですから、そういう意味では教育産業以外、例えば我々は既存の教育産業ではないからこそ、教育革命ができるのではないかと思います。

今、ｅラーニングのソフトを作っている会社のほとんどが教育産業以外のところです。既存の教育関係とはまったく違うところです。歴史は繰り返すのではないかと私は思っています。

第2章　教育ビジネスもコストカット時代に

土地（箱）代と人件費が高い国

教育ビジネスも、これからはコストカットの時代です。

日本で高いのは「土地」と「人」、すなわちハコ代と人件費です。

まずハコ代に関してですが、駅前に校舎を借りている英会話学校がありましたが、破綻してしまいました。

さらにそこは、ハコ代の次に高い人件費もかなり使っていました。

そこは、インターネットを使った「お茶の間留学」というものをやっていたのですが、あれはインターネットを使っている意味がまったくなかったわけです。

なぜかというと、生徒と先生が一対一で、マンツーマンの英会話指導をしていたからです。これでは、先生の時間をリアルタイムで押さえないといけないため、ハコに人を集めて「何人対一」というような授業よりも、もっと人件費がかかってしまうのです。

ハコ代と人件費という、一番高いコストをかけてしまったため、月々の経過分だけお代を頂くという月謝制や、一回ごとの講義料制がとれなかったわけです。3年分や600回分というようにまとめ取りをしないと、運営できなかったのです。

月謝制が理想のシステム

破綻した英会話学校では、中途解約した時の払戻の方法が問題とされましたが、本当の問題点は払戻をしなければならない料金体系、つまり、まとめ取りをしていること自体にあったのです。

学校は月謝制であるべきです。

月謝制であれば、自分が気に入って通っている間だけ代金を支払うということとなります。気に入らなくなって辞めれば、そこから先のお金がかからないというシステムが最も受講者思いな訳です。

これは、エステなども同じことが言えます。

エステはまとめ取りをやめ、毎回お代をいただく方式であるべきです。

従量コストと固定コスト

ハコ代や人件費は、従量コストです。従量コストとは、受講者の人数、つまりは売上高に比例して上がっていく費用のことです。

ハコ商売では、受講者人数が増えれば、教室数をどんどん増やさなければなりません。また、先生の数も比例して増やさなければならないのです。

また、お茶の間留学も同様に人件費が青天井となります。

このような大きな従量コストがあれば、いくら人数を増やしても、どれだけ売上拡大しても利益を上げることができません。

図7：従量コストと固定コスト

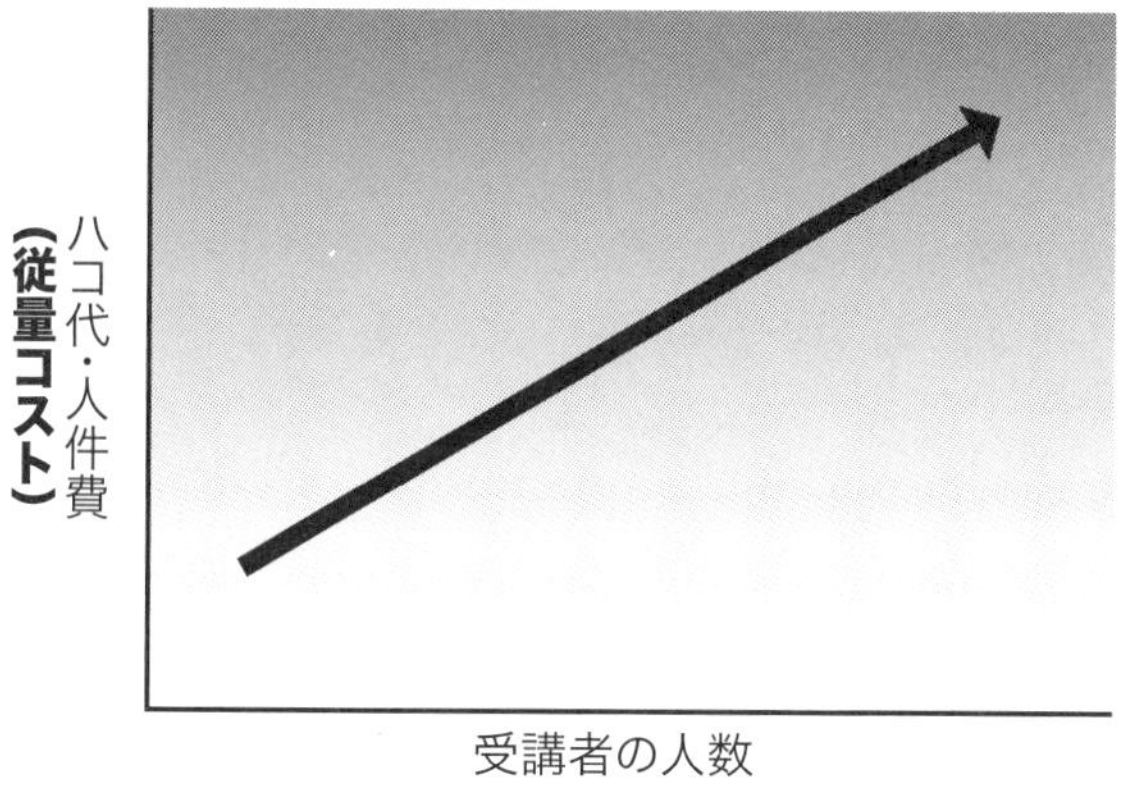

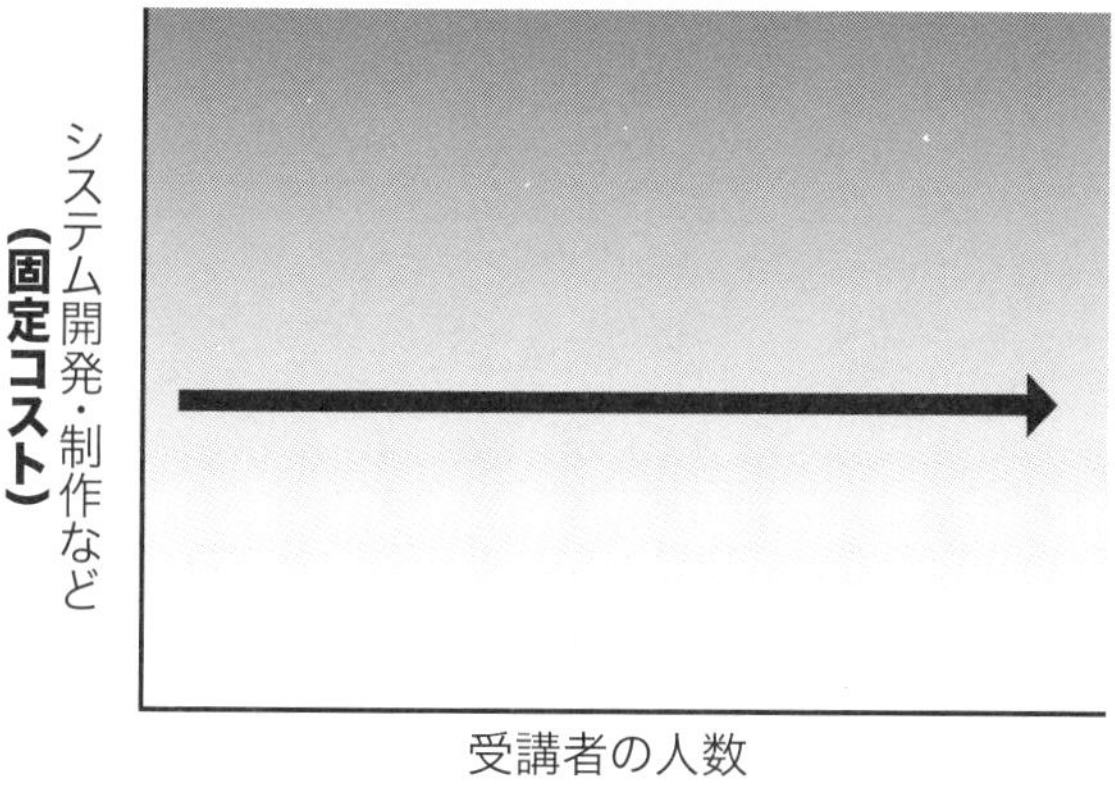

これでは自転車操業になることは必至で、無茶とも思える600回まとめ取りをせざるを得なかったことがうなずけます。

「お茶の間留学」を提唱していた英会話学校が破綻したとき、「儲け主義だからこうなったんだ」と批判する人が多かったのですが、実はまったく逆で、きちんと利益を上げられるビジネスモデルを構築しなかったことが本当の原因なのです。

従量コストに対し、人数や売上にかかわらず一定であるのが固定コストです。

固定コストは、人数がいくら増えても天井があるので、ある一定以上の売上を上げれば利益を上げることができます。

言い換えれば、人数が増えれば増えるほど一人当たりのコストが減っていくということなのです。

eラーニングは、システムやコンテンツを開発製作するコストがかかりますが、これは固定コストとなります。

従量コストであるハコ代と人件費はほとんどかかりません。

ですから、ｅラーニングは普及すればするほど、生徒数が増えれば増えるほど利益を安定させることができ、結果、消費者にやさしい料金体制（月謝制）を提供できることとなるのです。

第3章　eラーニングの基礎知識

eラーニングの形態分類

eラーニングと呼ばれるものには実に様々な形態のものがあります。

インターネットを利用して、オンラインで動画の配信やドリルなどを行うWBT（web based training）がこれからの主流となると考えています。

オンラインで遠隔授業を行うタイプのものも広義のeラーニングと呼べますが、前章で述べましたとおり、人件費がかえってかかるので、合理的ではありません。

また、CD－ROMを用いたオンラインでないものも一応はeラーニングと呼ばれています。

さらに、携帯電話に代表されるモバイル端末が技術革新によりeラーニングの端

図8：オンライン型・非オンライン型 eラーニング

オンライン型	非オンライン型
インターネットを利用 ・動画配信 ・eドリル	CD-ROMなどを利用
双方向性高い	双方向性低い
変化への対応性高い	変化への対応性低い

末として活用される機会が増えることが予測されます。

英単語の暗記学習などにはモバイル端末が最も重宝されるでしょう。これは、モバイルラーニングとも呼ばれ、オフラインの単独型とオンラインのＷＢＴに分かれます。

ｅラーニングの定義と特徴

ｅラーニングとは、ｅという頭文字が示すようにelectronic（電子的な）、つまりコンピュータやネットワークを駆使した学習システムということになります。

狭義には、前出のオンラインのＷＢＴを指し、広義には前出のすべてを指すと考えてください。

ｅラーニングの二大特徴は「デジタル化」と「インタラクティブ性」です。

「デジタル化」とは提供されるコンテンツの電子化の度合いです。

前出のオンラインの遠隔授業などは、学習実行時に講師が必ずそこにいなければなりません。これはデジタル化が低いということとなります。

一方、講義をオンデマンドで配信すれば、デジタル化は高くなります。

デジタル化の高低によって、前章で述べましたコスト分類を左右することになります。

つまり、デジタル化が低いものは、従量コストとなり、高いものは固定コストとなるのです。

「インタラクティブ性」とは双方向性のことです。

学習内容が講義をオンデマンドで配信するものなど、一方的に提供されるものはインタラクティブ性が低くなります。

講義中に質問が行えるような双方向性の工夫が必要と思われます。オンラインでドリルを行うようなタイプは極めてインタラクティブ性が高くなります。受講者の回答に応じて出題を変化させてくれるからです。また、他の学習者に対してコミュニケーションをサイト上で計れる工夫をされたコンテンツも見受けられます。

ｅラーニングを面白く行っていくためには、学習者と提供者側に加え、学習者同士のインタラクティブ性を高めることが望ましいと思います。

オンライン（ＷＢＴ）の優位性

前述したように、ｅラーニングの種類は、「オンラインのもの」と「オンラインでないもの（オフライン）」とに大きく分かれます。

例えばベネッセがやっているようなものはオンラインではありません。

また、PC用のCD－ROMなども最近はよく電器店で売られていますが、これもネットを使うわけではありません。

私は、オンライン型のeラーニングつまりWBT（web based training）が時代を制すると読んでいます。

その理由は次のとおりです。

まず、オフラインのものはオンラインのものに比べて前述したとおりインタラクティブ性に劣ります。

そして、これが最大かつ決定的な要因となりますが、オンラインのものは変化に対応できるということです。

学習綱領などは、毎年微妙に変わっていくものです。

受講者にCD－ROMを販売したりしたオフライン型はこれに対応できると思い

ますか？

オンライン型だとサーバ側のデータを改訂すれば変化に対応することができます。さらに新しい科目を追加したりということも安易となります。

どちらが消費者思いのシステムかを考えれば、ＷＢＴに軍配が上がるのは自明の理なのです。

ＷＢＴ（web based training）の分類

ウェブ上のものは、さらに四つに分かれます。

まず一つは、ウェブ上のテキストや画像を見ていくものです。静止画を見て覚えていくというパターンのものです。

二つめは、動画を見るものです。オンデマンド型（非同期型）のｗｅｂ動画講義です。

三つめがｅドリルです。ｅドリルは暗記のツールとして非常に優れたものです。

これは教育分野の切り札とも言える部分です。


そして四つめが、対話方式です。

今のところ、まだ対話方式のｅラーニングは出ていないか、出ていても非常に不完全なものです。

英語のｅラーニングはいくらでもあります。ところが「英会話」のｅラーニングはまだありません。

ＰＣ上で英語をヒアリングして入力するものはあります。しかしＰＣが話したことに対してこちらも話し返して、それにコンピュータが反応して会話を投げ合っていくというものはまだありません。

そのためには、音声認識ソフトがもう一段階進化する必要があるからです。

しかし、そうなれば夢の「英会話のｅラーニング」ができるようになります。

それが可能になれば、だれでも低価格でｅラーニングで英会話を学べるようになります。

それこそ英会話1科目5000円とか1万円とかの本当の月謝制を実現させることができるのも、ｅラーニングの可能性なのです。

第４章　暗記がすべての明暗を分ける現実

高所得者の特徴

日本は資本主義社会ですので、すべての人が平等な所得を得ているわけではありません。

次章で詳しく述べますが、年収200万円以下の低所得者が急増している一方で、年収1000万円以上の高所得者も増えています。

また、年収数億円以上を手にしている超高所得者も我国には存在します。

何が所得を分けているのでしょう？

同じ職業でも所得には大きく差がつきます。野球選手でも二軍選手と一流選手とでは雲泥の差があります。

また、同じ生命保険会社の代理店でも所得は様々です。

つまり、所得はついた職業によって必ずしも決まるものではないということです。

私は頭脳労働者になることが高所得者の共通点と見ています。

実際、どんな職業についても、肉体労働者と頭脳労働者に分かれるものだと私は思います。

その違いというのは、肉体労働者は代わりがきく人間、頭脳労働者はその人間でないと務まらない人間であるということです。

これはスポーツ選手でも同じことです。

例えば三流のスポーツ選手というのは、別にその人でなくてもいいのです。代わりがきくわけです。だから肉体労働者なのです。

ところがイチロー選手や松井選手は頭脳労働者という分類ができます。

イチロー選手の素晴らしい肉体に三流選手の脳みそを入れたら打てるものではありません。イチロー選手の脳だから打てるのです。

このように、同じ野球選手でも頭脳労働者と肉体労働者に分けることができます。

では、この違いは何かというと、肉体労働者は全部をきっちりと覚えていないということができます。

反面、頭脳労働者はすべてを暗記しています。このような違いが見て取れます。

結局、知識というのは覚えていないと通用しないものです。何となく肉体労働者で一生を終わる人間というのは、「ああわかった、わかったからもういいや」で済ませているのです。

しかし、頭脳労働者になる人間は、完全に空で言えるまで、人に教えられるまで物事を暗記しようと努めます。その違いはとてつもなく大きいものです。

例えば営業に行って、こういう風に説明しなさいと言われても、覚えられずに説明できなかったら意味はないわけです。

結局はアウトプットができてはじめてわかったことになるということです。そういう考えを持っているのが頭脳労働者です。

本当の理解とは、覚えたことを「話せる、書ける」ということです。これではじめて理解したことになるという落とし込みができているのが、頭脳労働者です。

「わかった、わかってるよ」で済ませる人間が一生肉体労働者で終わることになります。

世の中、結局、これで差がついているわけです。

頭脳労働者と言われている職業についている人、例えば弁護士が法廷で反論したいとき、民法何条は……なんていちいち六法全書を開いていられません。

それは医者でもそうです。診察をしているときに、いちいち医学書を見ていたら勤まりません。

結局暗記しないと通用しないというのは、ほとんどの人がそこに気づいていないのです。

自分はなぜ代わりのきく仕事で終わっているのか。

なぜ自分はどんな職業についても一生肉体労働者なのか。

稼げる人間はどんな職業についてもなぜ稼げるのか。

その違いは、何でもうろ覚えで済ませる人間と、びしっと暗記できる人間の二つに分かれているということがポイントなのです。

暗記が明暗を分ける受験

「教育」の中に「学習」があり、学習は「理解」と「暗記」に分けられます。理解させるためには良い講義・授業をする必要があるのですが、その前に、学習しようという気を起こさせないといけません。それがまず人間（＝教育者）の役割であるということでした。

学習における理解の部分は学校や塾が担い、一部eラーニングの動画講義などが含まれるということとなります。

そして、最終的に「暗記」というものに行き着くわけです。

暗記ができるかどうかが最終的な差になるのです。

図9：暗記が大切

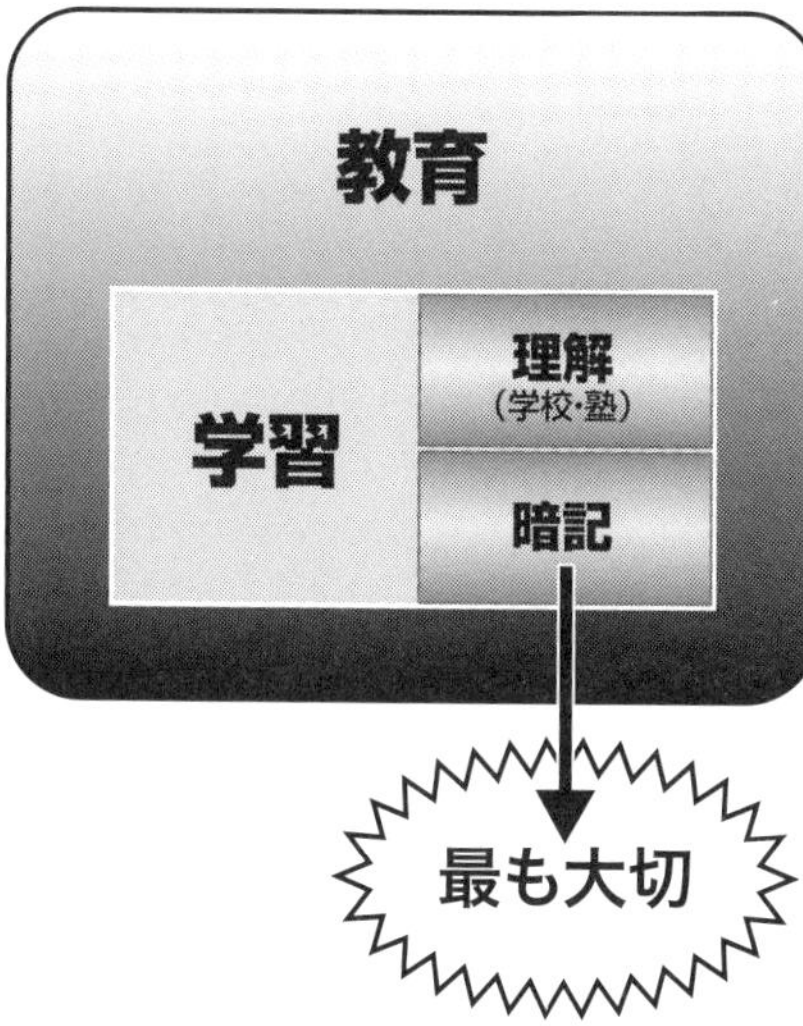

・学校、塾、家庭教師など
☞ 大事な所（暗記すべき点）を指摘するだけ
（覚えられる訳ではない）

学校や塾では、「ここは覚えなさい」ということを指摘してくれます。しかし、指摘してくれたからといって覚えられるわけではありません。結局、一人になったときに何をしているかによって、テストの点数や、受験の合否というものが決まってきます。

この、一人になったときにいかに暗記・復習するかということが勝負の分かれ目ということなのですが、そのためのツールはもう何十年と変わっていないのです。単語帳や下敷きというものを使った暗記法は、誰しも一度は経験があると思います。

受験の合否を最終的に決めるのは暗記であるにもかかわらず、暗記学習ツールはまったく進化していなかったのです。

eドリルは画期的な暗記ツール

これからの時代の最強の暗記学習は「ｅドリル」です。

その特徴は、まず、ゲーム感覚で楽しみながら暗記していけるというものです。

そしてもう一つの特徴は、コンピュータ管理なので、覚えている箇所と覚えていない箇所を瞬時に判断して、問題を変化させていけるというものです。


例えば、枕草子を下敷きを使って覚えるのであれば、固定されたところに穴が開くだけです。

ところが、ｅラーニングだと、間違ったところは覚えていないと判断するわけです。合っているところは「この語句は覚えているんだ」、と判断します。そして、次にもう一回同じ文章を出してくるのですが、間違っているところを含めて、覚えていないところに穴を開けてくるのです。

そして、何回も何回も同じ文章の違うところに穴を開けた問題が出てくる。そして気がついたら、全文をいつの間にか暗記できているということになるのです。

このように、効率のいい、最短時間で暗記していけるのがeラーニングの良さなのです。

eドリルによって、「徹底暗記で完全理解」にしぼった学習をしていけるのです。もちろんこの学習は、学校の授業をきちんと聴いた上でないと意味がないわけです。

ですから、きちんと従来の教育と融合してやっていけるということができます。受験の切り札というのは最終的には暗記です。どんなにいい授業を聴こうが、どんなにいい学校に通ってようが、最終的に暗記してなかったら受験は成功しません。

逆に普通の公立に通っていても、暗記さえビシッとできれば国公立の医学部に受かることも不可能ではありません。

図10：eドリル

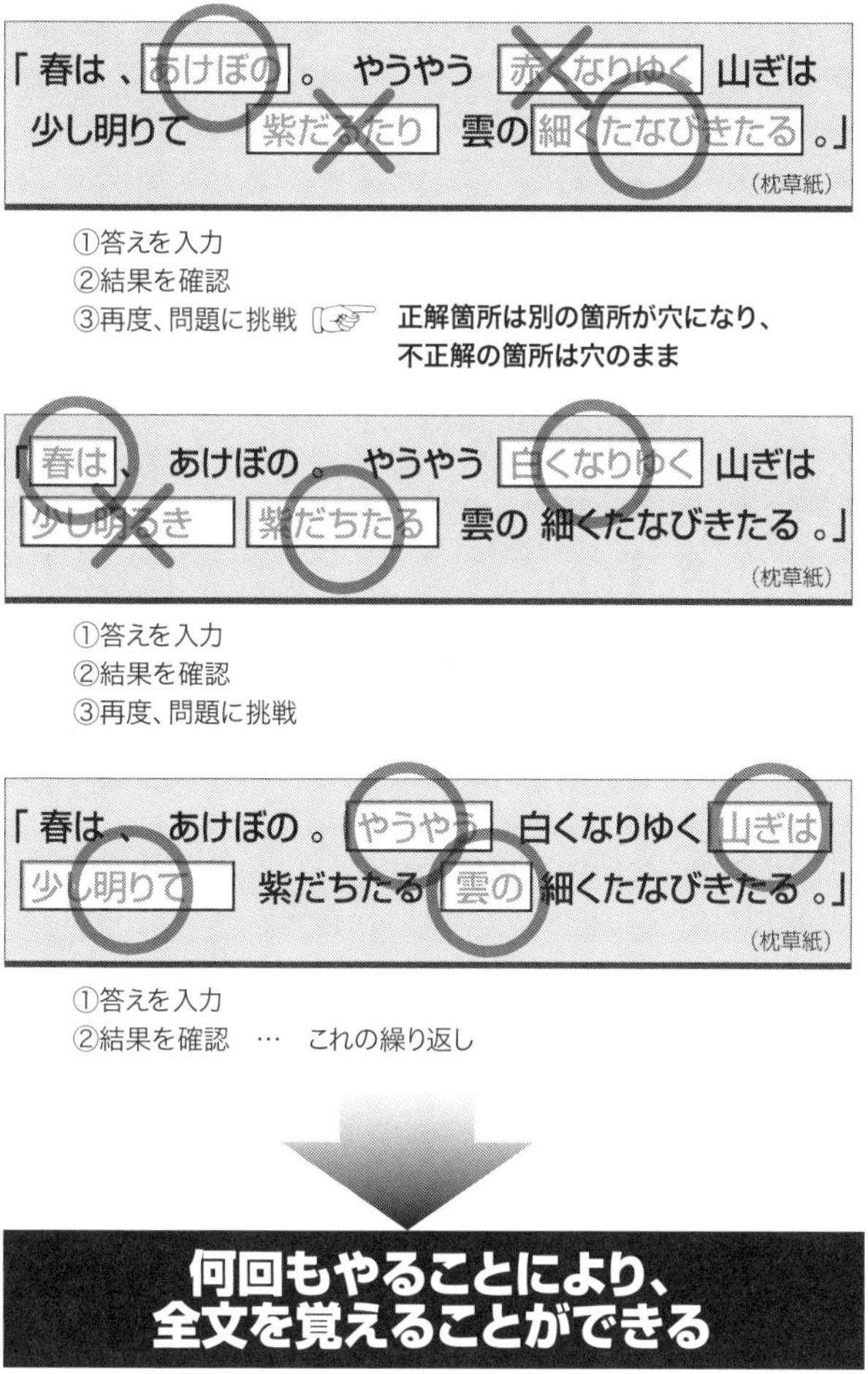
「春は、あけぼの。やうやう赤くなりゆく山ぎは
少し明りて　紫だるたり　雲の細くたなびきたる。」
（枕草紙）
①答えを入力
②結果を確認
③再度、問題に挑戦
正解箇所は別の箇所が穴になり、
不正解の箇所は穴のまま
「春は、あけぼの。やうやう白くなりゆく山ぎは
少し明るき　紫だちたる　雲の細くたなびきたる。」
（枕草紙）
①答えを入力
②結果を確認
③再度、問題に挑戦
「春は、あけぼの。やうやう白くなりゆく山ぎは
少し明りて　紫だちたる雲の細くたなびきたる。」
（枕草紙）
①答えを入力
②結果を確認　…　これの繰り返し
何回もやることにより、
全文を覚えることができる

ｅドリルは本当に画期的な暗記ツールなのです。

教育分野の切り札

ｅドリルというのは人間が出てこないので比較的低コストで高価値なものを作っていけるのです。

これはある意味で教育分野の切り札を押さえることになるわけです。

学校や塾で、学習意欲を高めていただき、良き授業により理解に努めていただく。最終的な暗記の部分をｅドリルが分担するのです。

結局テストでいい点をとったり、受験の合否を決めるのは「暗記」です。

いくらいい授業を聴いたりいい塾や私学に通っても、最終的に習ったことを暗記していなければいい点はとれない。つまり受験に合格しないわけです。

その暗記という切り札をｅドリルは押さえるわけです。ですから、非常に高価値のコンテンツを提供できるわけです。

ｅラーニング・ｅドリルは他の無料のｅビジネスと違って、利用者からお代を頂戴できる、唯一といっていいコンテンツなのです。

第５章　ｅラーニングの必要性

教育環境の変化

我々が普通の会話ができて、読み書きをし、社会生活を送ることができるのは、紛れもなく教育の賜物です。

日本は私が子供のころは公教育が最も優れた国でした。

私が小学生のときは、塾に行く子は優秀ではありませんでした。学校の勉強についていけない子が塾に行くものだったのです。今は、塾に行かないと中学受験に合格しない時代です。

私立・公立もまったく逆転しました。

昔は公立に賢い子が行き、私立にはそうでない子が行く時代でした。現在の公立校は頼りなく、余裕のある家庭は私立に子供を行かせたがるのが普通となっています。

首都圏では中学受験者が５万人を突破しています。

昔は「トンタカ」ということがありました。

トンビがタカを産んだという例が珍しくはなかったのです。

貧乏な家庭の子がすごく優秀で国立の医学部に行って子供の代で金持ちになるということがありました。

これは、公教育がしっかりしていた古き良き時代のことです。

小中高すべて公立なら教育費はそんなにかからなかったので、普通の家の子供が立身出世できたのです。


かつての日本は努力が報われる国でした。

二極化が進む日本社会

日本の世帯分布は、中間の10％と60％を足した70％が中流家庭で、トップ３％が富裕層であり、下流層が27％という構成でした。

中流家庭を中学生にたとえますと、この層を中1、中2、中3に世帯年収によって分けることができます。

しばらく前までは世帯年収４００万円が中流の下限と言われており、これより少し余裕のある家庭が中２家庭で世帯年収６００万円以上となります。

さらに１０００万円以上の世帯年収の家庭が中３家庭で、実に10軒に一家庭も存在しています。

富裕層は純資産1億円以上を所有する家庭で実に１４１万世帯もあり、年に数万世帯増えています。

図11：世帯分布

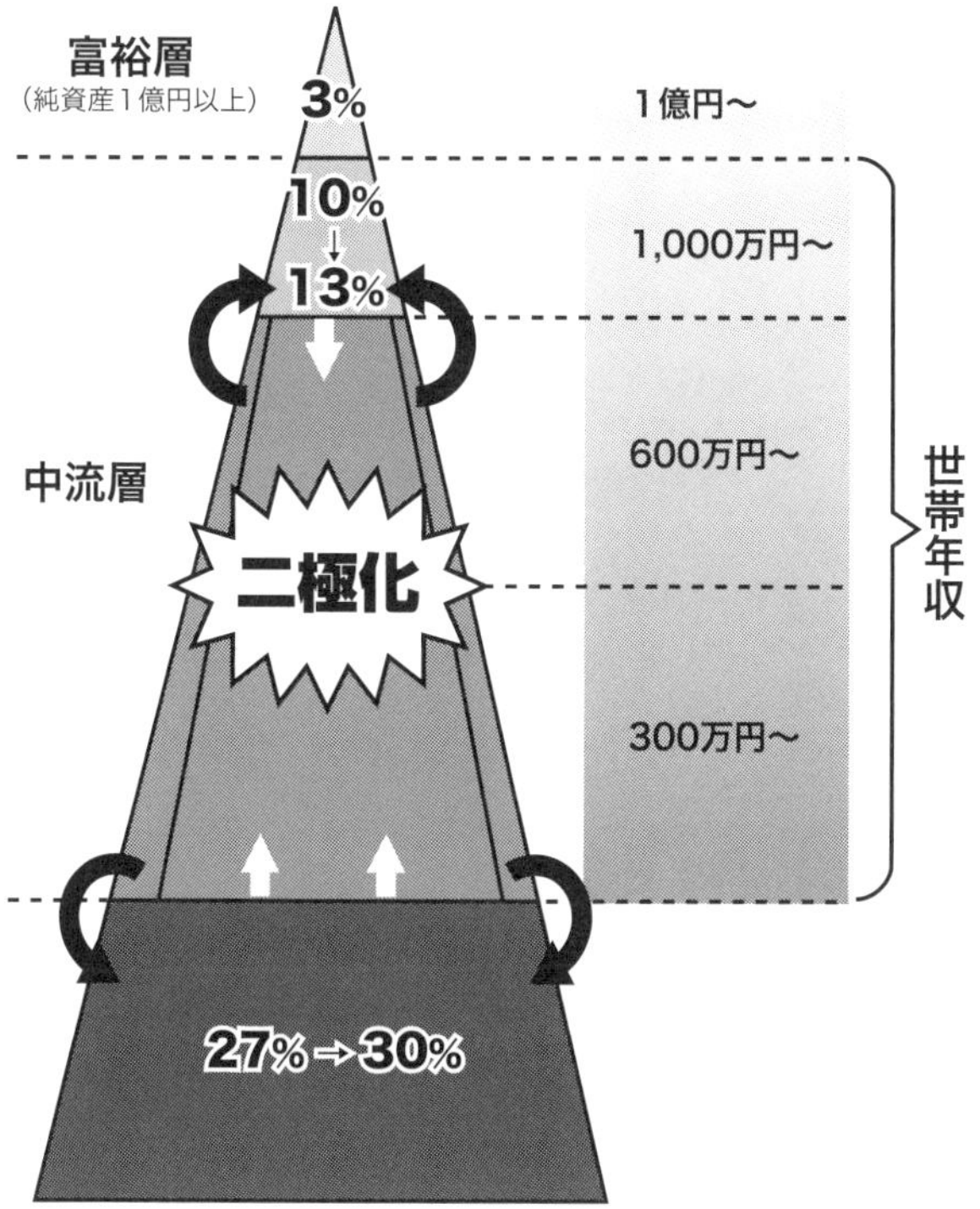
富裕層
（純資産1億円以上）
3%
1億円～
10%
13%
1,000万円～
600万円～
中流層
二極化
300万円～
世帯年収
27%→30%

33家庭に1軒もこの層がいるのには驚かれたと思います。

この分布に変化が現れています。（図11参照）

今、中流の下限を300万円に引き下げても3％下流層が増えています。

2007年、2000万円以下の年収の労働者が1000万人を超えてしまいました。

かと思えば、一方で年収1000万円以上の家庭も3％増え、13％となっています。

今後は、さらに二極化が進み、中1中2家庭つまりは世帯年収300万円以上1000万円未満のいわゆる中流家庭が、上下層に分かれていくと予測されています。

富裕層と1000万円以上の年収家庭（中3家庭）を日本では、通常「勝ち組」と言います。

今、まさに平均的日本人は選択を迫られているのです。

格差の固定化

二極化と教育環境の変化を合わせて考えると教育格差というものに行きつきます。「勝ち組」の家庭は、潤沢な教育資金を子供にかけることができます。教育レベルの高い私学に通わせ、塾や家庭教師など思いのままです。そうすると、子供も高所得を得られるような職業について、また勝ち組に位置できることとなります。

金持ちの子供は、大人になったときに稼げる知性と教養を身につけることができるのです。

一方、下流層の親は、子供の教育への投資ができないのです。

これから我国はますます、米国化していくと思われます。米国には読み書きができない大人が多数存在しています。これぐらいの教育格差になってしまうかもしれないのです。

ここまでいかなくても、公教育が昔のように信頼できない現在、一旦下流層に転落してしまうと子孫の末代まで逆転不能となってしまうことが想像に固くないでしょう。

ですから、今、平均的中流家庭にとって最後のチャンスと言えるのです。

中流家庭が行えること

中流家庭の中でも比較的余裕のある家庭は、多少無理してでも子供を私学に行かせることに懸命です。また、次章で詳しく述べますが、祖父母のおかげで子供が私学に行けている家庭も見受けられます。

では、平均的中流家庭はどうでしょうか。

私学や高い塾に行かせるまでのお金がなくても、月に数千円から1～2万円ぐらいままでならば費やすることができるのではないでしょうか。

下流層に転落するとどうしぼってもこの費用すら捻出できなくなってしまうのです。

今、有効な教育システムがあれば、そこに懸けるべきときと言えるのです。

勝ち組の共通点

もう一度高所得者の共通点を分析してみましょう。

勝ち組に位置している人は暗記から逃げなかった人です。

暗記から逃げなかったから一流大学に合格し、一流企業に就職できて１０００万円以上の年収になっているということなのです。

医者や弁護士になっている人もみんなそうです。大学受験だけでなく国家試験も暗記から逃げると通りません。

また、社会に出てから一念発起して起業し成功したような方もこのときに覚えることの重要性に目覚めたのです。

これに対し、今下流層や平均的中流層にいる人は、覚えるということから逃げてしまうくせがあるのです。

結局、暗記から逃げない人が勝ち組となり、逃げた人が負け組となる現実があるのです。

これはすべてのことにおいて一緒なのだということを認めることから始めないといけません。

何事もそうなのですが、負けた原因を認めることから勝利は開けるものなのです。

前章で述べたようにｅラーニングはまさに受験の切り札である「暗記」を押さえることができるのです。

日本を昔のような夢のある国、努力が報われる国に戻すには、比較的低コストで受験を制することができる新しい教育システムが必要なのです。

大人もキャリアアップを目指すべき

中流家庭が行えることは子供の代に託すことだけではありません。子供のお尻をたたくだけでなく、自分の代でも積極的に上を目指すべきでしょう。

今の社会人を雇用している会社は、社会人教育、生涯教育というものを求めています。また、社会人自身もそうです。

勤勉意欲のある人は、何か資格を取りたいといったような志向を持っています。若い人と話す機会があると、資格の勉強をしたいという人はとても多いものです。

私が大学生のときは就職で勝つ一番確実な方法は体育会に入ることでした。体育会に入れば、まず自分の好きなところに行けると言われていました。

私がいた少林寺拳法部も、当時、一学年に20人くらいいました。ところが先日、現役生に聞いたところ、4学年合わせても十数人しかいないということでした。最近体育会系は全然人気がないのです。

では、今の学生は何をしているかというと、専門学校に資格を取りに行っているのです。

体育会に入るよりも、在学中に別の資格を取るという方が就職に有利だという時代になっているのです。

これは、大学生もそうですし、社会人も出世や転職のために何か資格を取ってキャリアアップしたいと考えている人が多いのです。

限られた時間の中で資格を取れる、自分のペースで楽しく学習できるものが今、求められています。学校にいちいち足を運んで、というのは無理なのです。

そんな中で、すべてに対応できるのはeラーニングしかないということができます。

ｅラーニングであれば、まず時間が自由であるということが言えます。それから、ハコ代と人件費がいらないから、比較的安価にすることができます。

安価で本当に有効な学習をしていける。

資格を取るのでも、高校受験や大学受験に合格するのでも、切り札は暗記です。この暗記を押さえるのがｅラーニングの優れたところなのです。

第6章　新しい教育ビジネスのあり方

これからの教育産業は形を変えたシルバービジネス

教育費というのは、基本的に少子化になっても減らないと言われています。というのは、節約したくない分野であるからです。

例えばレジャーや外食といったものは不況になったり収入が下がったりすると、最初に削られるものです。ところが教育費を節約すると「愛情がない」と言われてしまいます。お父さんのお小遣いは減っても、お母さんの美容費と子供の教育費は減らないということになります。「あなた愛情ないわね」と言われるようなところは減らせないのです。

子供にあと1万円必要だと思ったら、お父さんがタバコをやめるということになります。

また、今は少子化だからこそ、お金が子供に回ってくるのです。

それは、おじいちゃん、おばあちゃんのお金です。おじいちゃんおばあちゃんの子供、つまり親が５人兄弟だとして、その子供も５人兄弟だとしたら、ひと組の老夫婦が25人の孫を持つ形になります。そうすると、なかなか一人の孫に教育費を費やせません。

ところが、老夫婦の子供がせいぜい二、三人だとして、その子供が、また一、二人だとすると、老夫婦から見たら孫が非常に少ないことになります。

そうすると、おじいちゃん、おばあちゃん二人のお金がその孫に集中するわけです。それが孫のためになるのであれば、喜んでお金を出したいと思っていますから。

今の老夫婦はお金を持っています。ある意味で福祉国家日本の勝ち組です。年功序列も年金制度もまっとうできているからです。彼らの持っているお小遣いがこれから孫に集中して投資されてくると考えると、これからの教育産業は形を変えたシルバービジネスとも言えるわけなのです。

大人の再教育の必要性

「子供は親の言うとおりには育たない」

「子供は親のとおりに育ってしまう」

この格言の意味がわかりますか？

子供は親の背中を見ているものなのです。

親が子供に「将来のために今頑張りなさい」「今勉強しないと後悔するから頑張れ」と言ったところで、親がその生き方を実行していないと素直に聞き入れられないものです。

大人は子供に「アリとキリギリス」という話を教えます。

当然、キリギリスではなくアリになれというわけです。

「アリさんは夏の暑い日に働いたから冬は楽ができた。お前も今頑張っておけば、将来は楽できるから」と。

しかし、そう言っている親が今頑張っていなければ話になりません。

「夏休みの宿題は7月中にやっておけ」というように「先に大変なことをやって、あとは遊べばよい」と子供に諭します。

そう言っている当の本人は、大変なことを大抵先送りしていたりするのです。

子供だけを教育しようとしても、大人が努力していないと反発するだけなのです。

ですから私は子供に言っていることを大人が実行する「大人の再教育」こそ、我国を再生させるのには必要だと唱えるのです。

大人が成長しない理由

「大人が成長しない理由」これは、実はイコール「子供が成長する理由」なのです。

結論を先に言うと、「わかったつもりになるか否か」ということです。

子供の頃はわかったと思っても、「わかったつもり」は通用しません。なぜか。それは常にわかったかどうか判定される機会があったからです。そう、試験、テストです。

そのため子供は教科書という同じ本を何度も読むという習慣があったわけです。そして同じ話を何度も聞くこともできました。

しかし、ほとんどの大人は同じ本を一回しか読みません。二回以上読まないのです。同じ話を「ああ、わかったわかった」といって二度と聞かなかったりします。

その大人に聞いてみてください。「この本の最後に何が書いてありましたか?」と。「えっ?」と言うと思います。

また、「今日の講義ではどんなことを教わりましたか?」と聞いてみてください。同じく「えっ?」と言うはずです。つまりまったくわかっていないのです。

子供は内容を覚えて、テストで書けてはじめて「自分はわかったんだ」と認識します。

授業を受けただけではまったくわかっていない。試験できちんと書けて、はじめてわかったんだということが子供の頃は当たり前だったわけです。

大人もこれに戻っていただきたいと思います。

何度も言いますが暗記、これが実はすべてを決めているのです。

頭脳労働者、つまり勝ち組になっている人は常に暗記から逃げていません。弁護士や税理士は毎年法律や税制が変わります。これを毎年のように覚え直しています。そもそも、暗記をしなかったら試験に通っていません。

医者も同じです。医者が外科手術のときに手引書を見ていたら怖いですよね。

一流のスポーツ選手もすべての動作を全部覚えているわけです。

つまり暗記から逃げなかった人が勝ち組になっているのです。暗記から逃げると一生負け組になります。もう一度再教育の機会に恵まれたならば暗記することの重要性から逃げてきた人も今度は逃げないでもらいたいものです。

ＰＣ教育の必要性

学校におけるコンピュータ設置状況（図12）を見てみますと、教育用のコンピュータの一学校当たりの平均設置台数が小学校で32・９台、中学校で47・５台となっています。また、普通教室のＬＡＮ整備率は全体で50・６％となっております。（コンピュータ教室のＬＡＮ整備率は全体で96・６％にもなっているとのことです）。

次にインターネットへの接続状況（図13）をみると、実に接続率は全体の99・９％となっており、どの学校種別においてもほぼ１００％の接続率です。ブロードバンドの利用も89・１％と高い。

図12：学校におけるコンピュータ設置の状況（2006年3月末）

学校種		学校数 A	コンピュータ総台数 B	Bのうち、教育用コンピュータ総台数 C	1学校当たりの教育用コンピュータ平均設置台数 C／A	教育用コンピュータ1台当たりの児童生徒数	Cのうち、インターネット接続している教育用コンピュータ台数	Bのうち、教育用以外のコンピュータ台数 D（B−C）	Dのうち、教員用コンピュータ台数	教員用コンピュータが配備されている教員の割合	普通教室のうち、LAN接続している教室	普通教室のうち、LAN接続している教室数の割合
		校	台	台	台	人／台	台	台	台	%	室	%
小学校		(22,720)	(794,123)	(698,804)	(30.8)	(10.1)	(650,969)	(95,319)	−	−	(96,005)	(37.1%)
		22,458	863,808	738,075	32.9	9.6	688,251	125,733	108,262	26.9	113,604	43.7%
中学校		(10,254)	(533,901)	(477,066)	(46.5)	(7.1)	(447,444)	(56,835)	−	−	(43,009)	(40.0%)
		10,166	555,223	482,403	47.5	6.9	452,850	72,820	62,940	27.8	51,294	48.0%
高等学校		(4,076)	(543,995)	(438,721)	(107.6)	(6.2)	(374,591)	(105,274)	−	−	(53,783)	(71.5%)
		4,046	577,889	455,923	112.7	5.7	393,649	121,966	107,404	56.9	55,453	75.5%
中等教育学校		(7)	(602)	(433)	(61.9)	(2.9)	(389)	(169)	−	−	(33)	(66.0%)
		8	579	449	56.1	4.6	370	130	111	55.8	44	62.9%
特殊教育諸学校	盲学校	(68)	(3,153)	(1,997)	(29.4)	(1.7)	(1,758)	(1,156)	−	−	(957)	(69.4%)
		68	3,473	2,013	29.6	1.6	1,797	1,460	1,238	39.7	983	70.8%
	聾学校	(104)	(5,131)	(3,590)	(34.5)	(1.4)	(3,016)	(1,541)	−	−	(1,398)	(68.6%)
		103	5,737	3,949	38.3	1.3	3,619	1,788	1,522	32.5	1,542	74.3%
	養護学校	(769)	(33,296)	(22,899)	(29.8)	(3.8)	(19,295)	(10,397)	−	−	(10,490)	(58.3%)
		769	36,320	22,788	29.6	3.9	20,035	13,532	11,314	21.9	10,754	58.9%
	小計	(934)	(40,447)	(27,343)	(29.3)	(3.4)	(24,069)	(13,104)	−	−	(12,358)	(58.3%)
		940	45,530	28,750	30.6	3.3	25,451	16,780	14,074	23.6	13,279	61.1%
合計		(37,991)	(1,913,068)	(1,642,367)	(43.2)	(8.1)	(1,497,462)	(270,701)	−	−	(205,188)	(44.3%)
		37,618	2,043,029	1,705,600	45.3	7.7	1,560,571	337,429	292,791	33.4	233,674	50.6%

注1）上段（）書きは、前年度の数値を表す。

注2）「学校数」は、調査時点における廃校又は休校となった学校を除いているほか、2006年度に統廃合を伴わない廃校（単独廃校）となった学校及び2006年度以降休校となる学校を除いたものである。

注3）「教育用コンピュータ1台当たりの児童生徒数」は、2005年5月1日現在の児童数を（C）で除したものである。

注4）「教育用以外のコンピュータ台数」とは、事務・管理・校務処理等に関するコンピュータの台数である。

出所：文部科学省HP（http://www.mext.go.jp/b_menu/houdou/18/07/06072407.htm）

小中学校ではＰＣはすでに必須です。

今の子供が大人になったときにはＰＣが使えない人間はいないのです。

しかし、今の大人には残念ながらＰＣを使えない方々が30～40％存在します。

大人にこそＰＣ教育は必須なのですが、使えない大人の原因をここで分析してみましょう。

ＰＣを使えない原因

今ＰＣを使えない人には大きく分けて次の三つの層が存在します。

一つは中高年の管理職や自営業・経営者です。

彼らはＰＣを仕事で使わなければならない環境となった90年代後半には職場で偉くなってしまっていたのです。

図 13：インターネット接続の整備状況（2006 年3月末）

学校種		学校数 (A)	インターネット接続学校数 (B)	学校のインターネット接続率 (B／A)	高速インターネット接続学校数 (C)	学校の高速インターネット接続率 (C／B)
		校	校	%	校	%
小学校		(22,720)	(22,691)	(99.9%)	(17,807)	(78.5%)
		22,458	22,440	99.9%	19,521	87.0%
中学校		(10,254)	(10,244)	(99.9%)	(8,430)	(82.3%)
		10,166	10,161	100%	9,134	89.9%
高等学校		(4,076)	(4,076)	(100%)	(3,894)	(95.5%)
		4,046	4,044	100%	3,954	97.8%
中等教育学校		(7)	(7)	(100%)	(7)	(100.0%)
		8	8	100%	8	100.0%
特殊教育諸学校	盲学校	(68)	(68)	(100%)	(63)	(92.6%)
		68	68	100%	64	94.1%
	聾学校	(104)	(104)	(100%)	(98)	(94.2%)
		103	103	100%	100	97.1%
	養護学校	(762)	(761)	(99.9%)	(688)	(90.4%)
		769	769	100%	722	93.9%
	小計	(934)	(933)	(99.9%)	(849)	(91.0%)
		940	940	100%	886	94.3%
合計		(37,991)	(37,951)	(99.9%)	(30,987)	(81.7%)
		37,618	37,593	99.9%	33,503	89.1%

注 1）上段（）書きは、前年度の数値を表す。

出所：文部科学省（http://www.mext.go.jp/b_menu/18/07/houdou/06072407.htm）

つまり、自分は覚えずに部下に使わせることを指示できる立場だったわけです。

二つめは、今30～40代のお母さん方です。

彼女らはＰＣが本格的に職場に入った90年代後半の直前に子供ができて退職しているのです。

三つめは、意外にも20代の若者の一部です。

ＰＣが使えないから、低所得の仕事にしかつけず、お金がないからＰＣを買えない。だからＰＣが使えなくて所得が上がらないというデジタルデバイドスパイラルとも言える悪循環に陥っているのです。

いずれも、仕事と密接に原因がかかわっているわけです。

デジタルデバイド

実際、今、パソコンを使える人間と使えない人間の真っ二つに分かれてきていま す。そしてこれが固定化され始めています。

情報リテラシーという言葉があります。これは情報機器やネットワークを活用して、情報やデータを扱える知識や能力のことであり、いわば読み書きの能力に値するものです。

第5章で近い将来我国でも読み書きができるできないくらいの教育格差が生じる可能性について述べましたが、情報社会においてはこの格差がすでに生まれているのです。

読み書きが実際にできないのと同じくらい、不利な状況に追いやられている現状があるのです。

使える人間はそれなりに高い賃金の職につくことができて、使えない人間はできる仕事が限られてきます。

もしあなたが何かビジネスを起こして人を雇うとき、

「パソコンを使える人間と使えない人間のどちらを雇いますか?」

となったときに、絶対パソコンを使える人間を雇うはずですよね。

このようなデジタルデバイドという格差が生まれているのです。


1990年代以降社会のしくみが、インターネットなどのコンピューターネットワーク(情報技術)を当然とするようになるにつれ、パソコンなどの情報機器の操作に習熟していないことや、情報機器そのものを持っていないことは、社会的に大きな不利として働くようになりました。


前述した中高年の管理職は定年退職後は年金で悠々自適な生活が送れるかというと今はそういう時代ではありません。

定年後は、再就職が待っているのです。

いくら前の職場で偉くても、再就職は一兵卒からやり直しです。

その際にＰＣが使えないというのは「読み書きができません」というのに等しいことです。

どこが雇ってくれるのでしょうか？

主婦にとってもこれは同じです。

子供の成長と共に時間は自由になると同時に、教育費が大きくなっていきます。

そうなると職場復帰しなければなりません。

ＰＣが使えないまま雇ってくれる企業がどこにあるのでしょうか？

若者もどこかでマイナスの悪循環を断ち切らないと一生下流社会生活となってしまいます。ＰＣを使えないままでいいわけがないのです。

デジタルデバイドの是正方法

ＰＣに限らず、できなかったことをできるようになろうと努力するモチベーション（動機）は、次の三つがあげられます。

一つめは学校で必須とされること。

今の子供たちがＰＣを普通に使えるようになっていくのはこのためです。

ということは大人もスクールに入って強制されれば当たり前に新しいことが身につくのです。

本当は、新しい技能などを強制してくれる学校こそありがたいものなのです。

他から強制されなくても能動的に行えるほど人間は自分に厳しくないのですから。

二つめは仕事で求められることです。

技能を身につけないと収入が得られない、職場にいられないとなると人は当たり前のようにできるようになるものです。

いずれにしても、大半の人間は強制されないと行えないものなのです。

こう考えるとデジタルデバイド是正のキーワードとして「スクール」と「ビジネス」が浮き彫りとなってきます。

三つめは、子供のためになるときです。

子供が家でｅラーニングをやりだしたら親は気になります。

そして子供の学習状況などを管理しようとすると、自分がＰＣを使えないと話になりません。

両親はもちろん、孫がかわいいおじいちゃんやおばあちゃんまで子供のために努力してくれることにもなるかもしれません。

ｅラーニングは大人のＰＣ教育つまりはデジタルデバイドの是正にも一役買って

くれる可能性があるのです。

総合教育ビジネススクール

私が子供から大人までを総合的にｅラーニングによって教育できるビジネススクールを起業した背景には、これまで述べてきたようなことがあるのです。

つまり、子供だけを教育してもダメで、大人も共に再教育する必要性があるということです。

我国では特に中高年世代に財テクを好む傾向があります。

お金が増えることを望むこと自体は自然なことであり、財テクそのものは行うべきことなのですが、研究や勉強もせずに財テクに取り組むことは大変危険なことです。

そもそも金融商品の知識やその基となる会計の知識等を持っていないことが大問題なのです。

「勉強しないで財テクでお金を増やしたい」「努力しないで金持ちになりたい」こんな考えの人は金融機関や投資詐欺集団の格好の餌食となってしまうでしょう。

これは、「運動しないで痩せたい」「カロリー制限なしでスリムになりたい」という虫のいい望みと共通の精神性から生まれているものであり、「相撲の稽古をしないで横綱になりたい」「ゴルフの練習をしないでシングルプレーヤーになりたい」と言っているに等しく、本当に馬鹿げたことであるのです。

日本は武士道の国であり、自己鍛錬に最も重きを置く精神性の国だったはずなのに、本当に最近の風潮は嘆かわしい限りです。

根本から大人を再教育しないと、我国の未来はないと考えます。今のたるんだ大人が子供に何を教えられるというのでしょうか。

大人の再教育項目

大人には資本主義教育を行う必要があります。

詳しくは拙著『豊かな資本家になるための成功塾』をご一読いただければありがたいのですが、資本主義の仕組み、原理、そして本質をまったくといっていいほど我国の大人は理解していないのです。

ですから、変な金融商品や投資サギに引っかかってしまうのです。

これからはファイナンシャル（金融）教育にも力を入れる必要があります。

また、営業、起業、経営知識はとても重要です。

何より、大人が向上心を持って努力することが最も大切です。

向上心を持っていただくには、努力が報われる環境づくりが問われます。

勉強したことが実践できる、つまりはビジネスとして経済活動に結びつくことが不可欠なのです。

医学の勉強をするというモチベーションは医者として開業して成功し、お金持ちになるという経済活動と結びついています。

これが私の唱える「勉学なくして成功なし」されど「実践なくして成果なし」ということなのです。

eラーニングをどのように広めるか？

eラーニングと他のeビジネスの決定的な違いがあります。

それは、利用するにあたり、有料か無料かだということです。ヤフー、グーグル、ミクシィなどにお金を払ったことがある人はいないと思います。

普通のeビジネスは、基本的に利用者は全部無料です。

それは、利用者を何百万人と集めて、企業から広告料をとるという仕組みだからです。

しかし、eラーニングだけは違います。eラーニングだけが利用者からお代を頂戴できるビジネスモデルだと私は考えています。

各家庭がeラーニングのコンテンツを利用したら、月々いくらかのお代を利用者から頂戴できるということになります。コンテンツそのものに商品価値があるということなのです。

ということは、eラーニングに関しては、他のeビジネスと同じような普及方法ではないということが言えます。

「eラーニングだから、ネットで募集して広告を打っておいたら勝手に利用者が増える」と思っている人がいまだにいます。しかし、そうはいきません。

教育ビジネスで理想的なのは、成果が出たことが勝手に口コミされることです。これが一番の近道です。

「あの子はどこどこの塾に行って灘高に通ったらしい」といったような情報が結局は一番の普及の近道になります。

教育商材は、体験を伝えていくのが一番です。

そういったことをふまえて、個人が唯一取り組むことができるｅビジネス（ネットビジネス）がｅラーニングなのです。

第7章　総合教育は、個人が豊かに

我国の現状と今後

これからは個人が強くないと、家庭を守れない時代に入ってきました。年金問題一つとっても、04年度のデータによると、国民年金を払っていない人が36・4％もいます。これは金額にすると９８００億円。学生や低所得者などの免除者の金額が７４００億円で、合計で１兆７２００億円にもなります。これは、年金を払っている人の合計の１兆９３４５億円とほぼイコールという状況です。

つまり、人口から計算をした徴収予定額の半分しか払われていないということになるのです。

もともと年金制度というのは、人口構造がピラミッド型になっているということを前提として成り立っていました。しかし現在の人口構造は逆三角形になっていま

図14：人口分布の変化

＜ピラミッド型＞

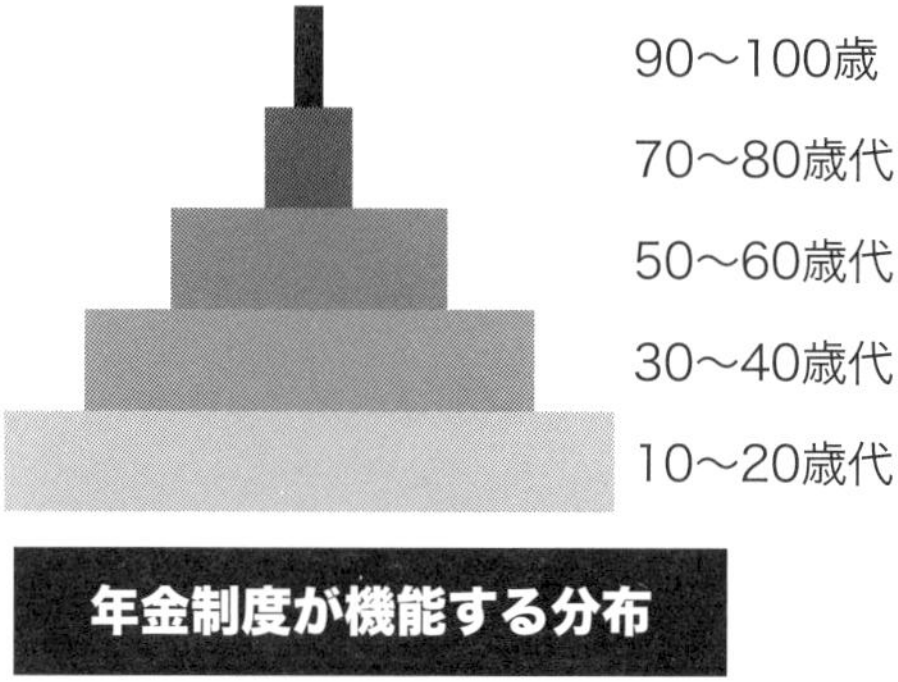

＜逆三角形型＞

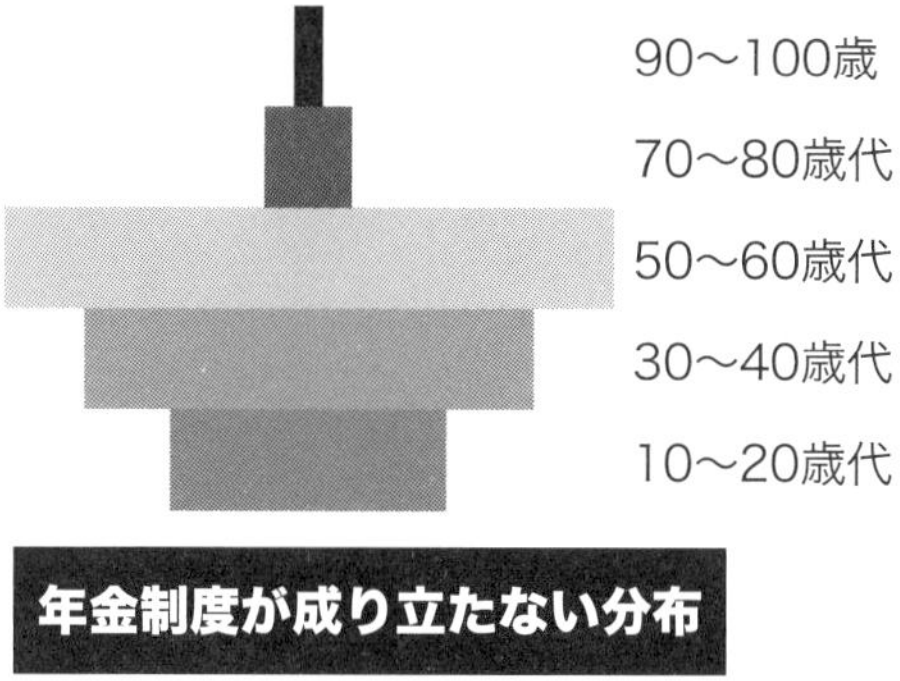

す。また、さらに払っている層が減っていきますから、間違いなく年金制度は細っていく、あるいは破たんするのは目に見えているわけです。

今の20代の人は、自分の年金なんて遠い将来のことでピンとこないようですが、親の年金はアテにしているところがあります。親は国が養ってくれるだろうと。ところが実際は、その親を自分で養っていかなければならないのです。

つまり、自分だけではなくて子供と親、三代を国に頼らず養わなければいけない時代になったということです。

医療費も97年8月まで一割負担であったのが、二割負担になり、あっという間に三割負担になりました。

このペースでいくと、今後は四割、五割負担になるのは目に見えているわけです。もしかしたら、アメリカのように完全に実費になる可能性も非常に高いのではないかと思います。

教育に関しても、義務教育は無償というのは授業料だけの話で、ランドセル代や給食費などがかかります。また、それ以外の塾などでお金が必要です。

高校になると、公立でも年間30万円ほどの実費がかかります。

大学になると、私の時代は国公立ならば10万円くらいでした。さらに私の親は当時すでに定年していましたから授業料は免除でした。それが今、国公立でも年間50万円くらい必要となっています。これは文系ならば私立とそんなに変わりません。

国自体が小さな政府を目指していますので、国家サービスに対して個人の実費負担が増えていくということになります。


ひと昔前は、リタイアした人を現役世代全体で支えるという年金制度や、病気になった人の医療費を社会全体で負担するという健康保険の制度が機能していました。

社会全体で子供の教育に取り組んでいくという、いわゆる公教育の部分もきちんと機能していたのですが、その全体主義的機能が年々衰えています。

このように個人や家庭単位、あるいは家系単位ですべてのことを行っていかなければいけない時代に突入しているわけです。

セーフティゾーンは1億円

このような状況の中で、我々は「個人資産を持とう」ということを掲げています。配偶者を含めた自分自身の老後のため、親の老後のため、また子供に教育をきちんと受けさせてあげるため、そして家族の健康のためには個人が力を持たねばなりません。

そのためのセーフティマネーは最低1億円というように言われています。

それでは1億円を築くにはどうしたらいいか？　当然、貯金をしないと絶対にムリです。

そのために大切なポイントは、「借金を返すように強制的に、貯金をすること」

なのです。

貯金をする上で必要なのは、そこに「強制力」があるかどうかということです。

つまり、「天引き」という強制力がある積み立てをしない限り、貯金というものはなかなかできるものではありません。

天引きであればそれが無茶な金額でない限り続けることができます。

個人資産１億円を築く方法

月々10万円を積立てれば年間１２０万円貯蓄できます。

もし、まったく金利が付かなかったらこのペースですと1億円の資産を作るのに83年４ヵ月かかることとなります。

しかし、もし金利５・95％の複利で積立てることができれば、30年間で1億円貯めることが可能となります。

さらに、金利8%複利ならば25年あまりに短縮することができます。
また、積立金額を20万円にすれば、金利5・95%の複利で21年かかりませんし、金利8%複利ならば18年あまりで到達できます。20万円ならば金利3%でも約27年で1億円となります。

このように、複利の力と年月によって、この程度の積立金額でも1億円の資産を作ることは決して不可能ではないのです。

こういったことを理解するには正しい金融知識が必要となります。

ファイナンス教育の重要性

日本の預金金利は0・2%程度です。
国債でも1%をやっと超えるぐらいです。

図15：１億円を作るには

月積立額	目標利回り（複利）	積立期間
10万円	0%	83年4ヵ月
10万円	5.95%	30年
10万円	8%	25年6ヵ月
20万円	5.95%	20年11ヵ月
20万円	8%	18年4ヵ月
20万円	3%	27年
30万円	5.36%	17年
30万円	3%	20年3ヵ月

ところが、米国等の先進国は平均でも4％近くの利回りがあり、新興国ともなると10％近くや10％を超える債券利回りのものも存在します。

日本の国債は格付けやGDP比約2倍の債務状況から考えると、本当は南アフリカ国債ぐらい利回りがないと割に合わないのです。

オーストラリアやニュージーランドでも金利は5％以上が普通で7％を超えるものもあります。

世界的に見れば日本の金利が異常なのです。

日本は倒産寸前の銀行を立て直し、儲けさせるためのゼロ金利政策をとりましたから、長らく「金利がないに等しい」のが常識的ですが、それは世界の非常識なのです。

世界に分散投資をすることで、ブレ（標準偏差）を極限まで下げて、高いリター

図16：国債利回り

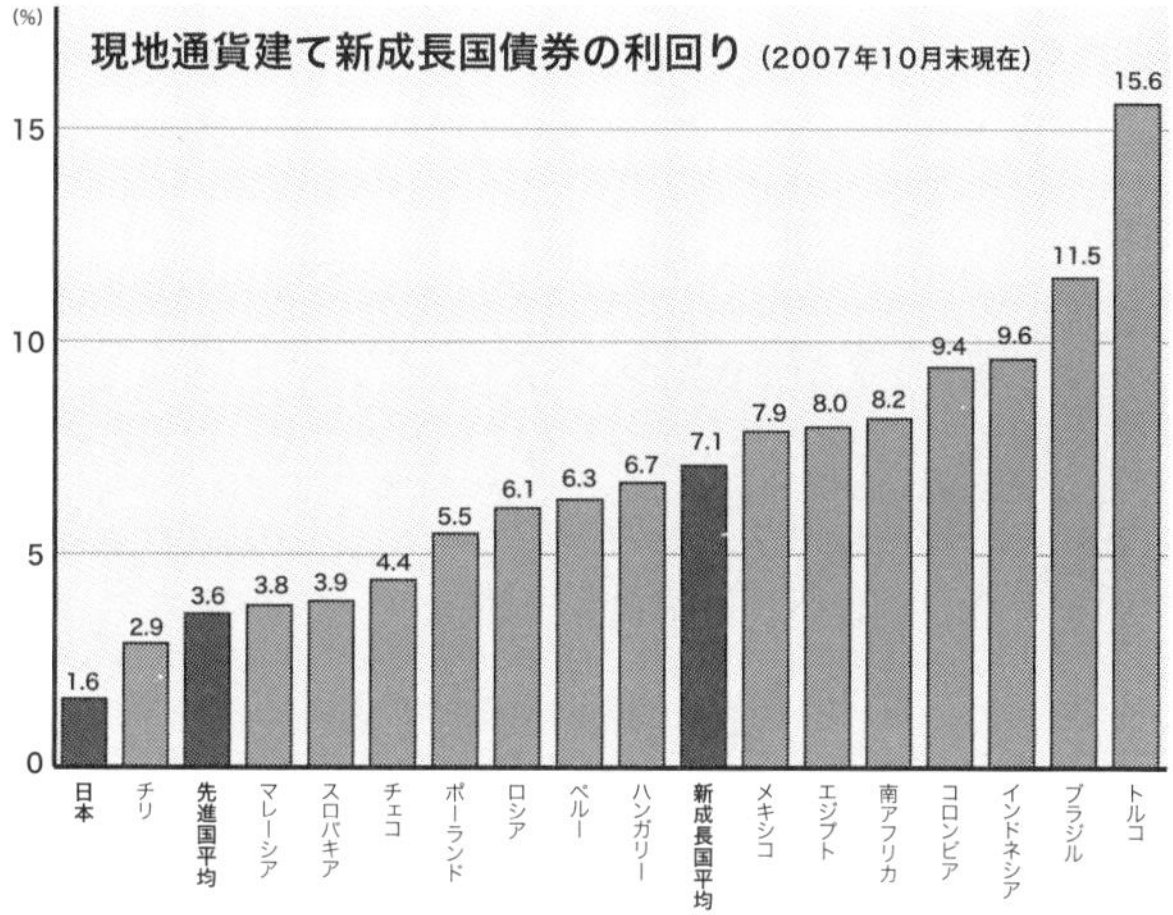

※上記はJPモルガン・ガバメント・ボンド・インデックス・エマージング・マーケッツ・グローバル・ダイバーシファイドを構成する国、およびその平均（新成長国平均）、先進国平均（JPモルガン・ガバメント・ボンド・インデックス）、日本（JPモルガン・ガバメント・ボンド・インデックス日本）の利回りを比較したものです。

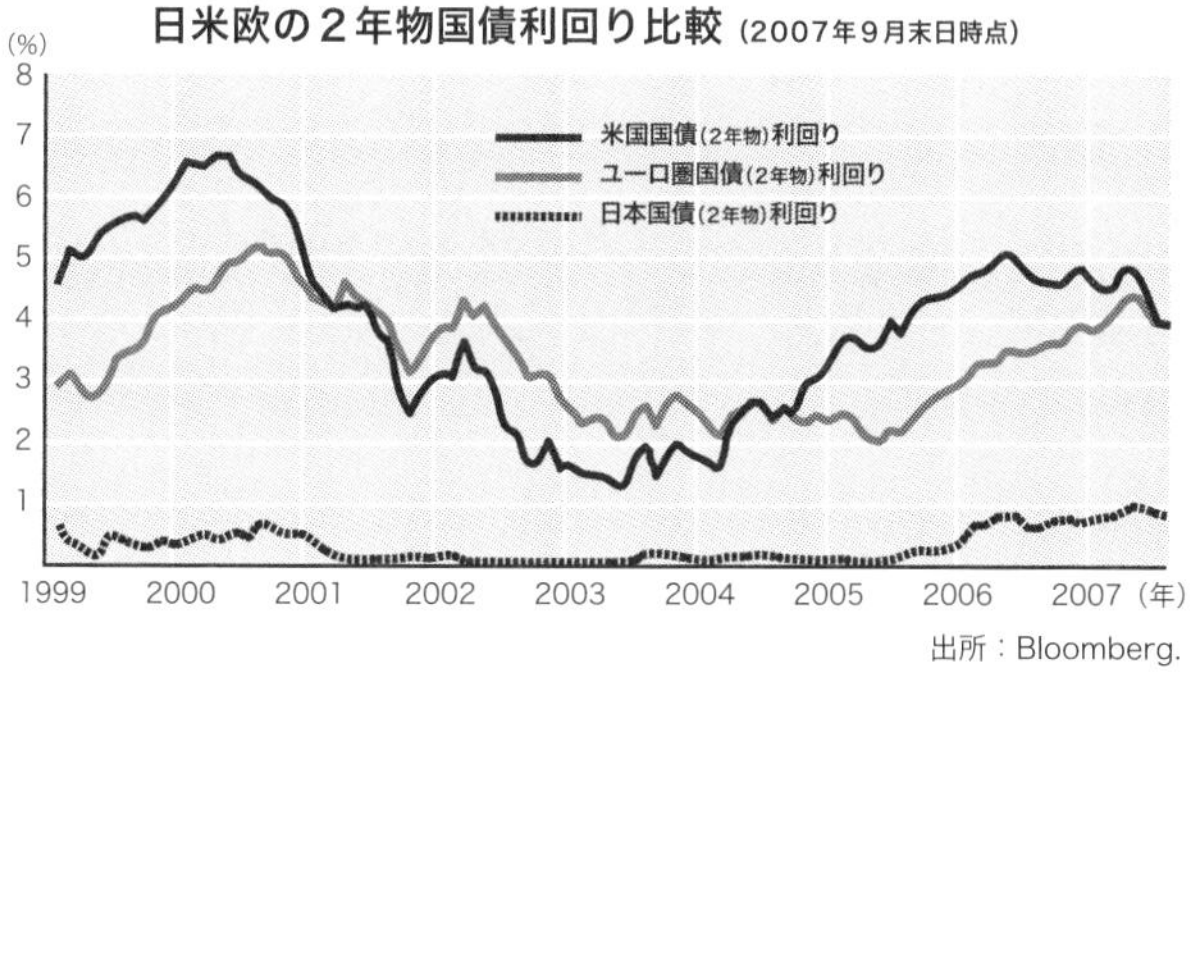

出所：Bloomberg.

ンを狙うことは不可能ではありません。

また、積立投資を行うことで時間的分散効果のあるドルコスト平均法によって、さらにリスクリターンのバランスをとることが期待できます。

ここで述べていることを理解するためには、本当のファイナンス教育が必要なのです。

ネットビジネス最後の聖域

きちんとした金融知識を身につけ、積立分散投資を行えば、長期的に個人資産1億円を築くことはそれほど難しいことではありません。

ところが、たった10万円、されど10万円です。

積立額を捻出するためには、プラスアルファの安定収入が必要となるのです。

前章で述べたようにｅラーニングという新しい教育システムを普及させるビジネスは、個人として取り組める唯一のｅビジネスと言えます。

これからは個人が豊かになる時代です。

我々の総合教育はこのテーマを実現することが目的なのです。

おわりに

成功とは何か？

成功とは１００％の確率ではないものを手に入れることだと思います。

つまり、不成功となるリスクを冒すことが成功の必要条件なのです。

自動販売機に１２０円を入れて、缶コーヒーが出て来た。これをだれも成功とは思わないですよね。

確率が１００％だからです。

一方、同じお金をロトなどに使った場合、当たれば成功となります。確率が１００％でない、つまりははずれるというリスクを冒したからです。

倍率が高い大学に合格した。
超難関の司法試験に合格したなどは、まぎれもなくこの定義にあてはまる成功と言えます。
人間は、不確実なものを得たとき、すなわち成功を勝ち取ったとき、最上の喜びを感じるものです。

成功する人としない人

何事においても、必ず成功する人としない人に分かれるものです。

一流大学に合格した人　　しない人
お金持ちになれた人　　なれない人

医者になれた人　　　　　なれない人
弁護士になれた人　　　　なれない人
スポーツ選手になれた人　なれない人

では、何が成功と不成功を分けているのでしょうか。
私は次のように分析しています。

疑問を持たない、持たせない

私は医者になれた人は、医者になることに疑問を持たなかった人だと思います。
小さい頃から「自分は絶対に医者になるんだ。医者になって多くの人を助けるんだ。医者になって金持ちになるんだ」というように、医者になることが絶対的に幸福になることなのだと信じて疑わなかったことが難関突破につながっているのだと分析します。

親が医者で、その医者としての親を尊敬し、裕福な暮らしをさせてもらっているのは親の職業のおかげと思っている子供はこのようになれるでしょう。

一流大学に行けた人、お金持ちになれた人、弁護士になれた人も、そうなることが絶対的に幸せになることなのだと思えた人なのです。

成功する最大のコツは、成功することに疑問を持たないことです。

簡単なようで、これがなかなか我国では難しいものです。

というのは、成功に疑問を持たせようとする人が実に多い国民性だからです。

予備校に通っていて、自分は一流大学に通りそうにないと思った人間は仲間を作りたがります。

今、無理して勉強して大学に行っても、どうせ企業の働き蜂になるだけだよと、受験に疑問を持たせようとするのです。

大学受験だけではありません。夢や成功をあきらめた人、向上心をなくした人が常に成功に疑問を持たせようとしている現実があるのです。

さらにやっかいなことに、時には成功した先人が疑問を持たせてしまう場合もあります。

医者の親を尊敬できない子供などはこのパターンです。

会社でも、「課長になってもあんまりよくないよ」などと、成功に疑問を持たせる先人が存在したりするのです。

以上の分析から考えると、「成功に疑問を持たないこと」と「成功に疑問を持たせないこと」の大切さを再認識します。

成功したければ、成功して幸せになっている先人をまっすぐ見つめること。

そして、成功したならば、必ず幸せになること。

成功者は幸福になる権利ではなく義務があると私は思います。

後進を育成し、世を発展させるために成功者は常に幸福でいることが重要で、私自身心掛けたいものです。

平成20年2月吉日

久保雅文

久保雅文（くぼ まさふみ）

1963年大阪府堺市生まれ。

神戸大学工学部を卒業後、同大学大学院に進学するが、半年で中退。

約2年間のフリーター生活を経て、大塚製薬に入社。

プロパー（MR）として抜群の成績を上げるも年功序列制度に疑問を感じ、28歳で起業し15年間で30万人超の組織づくりを成し遂げるという驚異的な成功を収める。

97年に執筆した『組織作りの12原則』は、業界関係者から高い評価を受けた。

他には、『豊かな資本家になるための成功塾』（総合法令出版）など著書多数。


現在は、ビジネススクールの経営、大学受験予備校の経営などを行なうBusiness Ownerとして活躍中。

また、会計や金融知識も豊富で資産運用にも優れた論理を有している。

豊かな人生の実現

2008年4月8日　初版発行

著　者　久保雅文
発行者　仁部　亨
発行所　総合法令出版株式会社
〒107－0052　東京都港区赤坂1-9-15 日本自転車会館2号館7階
電話　03-3584-9821（代）
振替　00140-0-69059

印刷・製本　中央精版印刷株式会社

落丁・乱丁本はお取替えいたします。

ISBN978-4-86280-063-3

総合法令出版ホームページ　http://www.horei.com